MATTI PELLONPÄÄ GEWIDMET,
DEM UNVERGESSLICHEN HAUPTDARSTELLER
IN VIELEN KAURISMÄKI-FILMEN,
DER 1995 VIEL ZU FRÜH VERSTARB.

SCHATTEN IM PARADIES

VON DEN »LENINGRAD COWBOYS« BIS »WOLKEN ZIEHEN VORÜBER« – DIE FILME VON AKI KAURISMÄKI

FOTOGRAFIEN VON MARJA-LEENA HUKKANEN
MIT BILDTEXTEN VON AKI KAURISMÄKI
HERAUSGEGEBEN VON BEATE RUSCH

SCHWARZKOPF & SCHWARZKOPF

AKI KAURISMÄKI

INHALT

TANGO IN MOLL. Essay von Beate Rusch	6
SCHULD UND SÜHNE	16
CALAMARI UNION	28
ROCKY VI	38
SCHATTEN IM PARADIES	44
HAMLET MACHT GESCHÄFTE	54
THRU THE WIRE	70
L.A. WOMAN	72
ARIEL	74
LENINGRAD COWBOYS GO AMERICA	86
DAS MÄDCHEN AUS DER STREICHHOLZFABRIK	108
I HIRED A CONTRACT KILLER	120
DAS LEBEN DER BOHEME	138
THOSE WERE THE DAYS	154
THESE BOOTS	160
TATJANA, TAKE CARE OF YOUR SCARF	170
TOTAL BALALAIKA SHOW	180
LENINGRAD COWBOYS MEET MOSES	186
WOLKEN ZIEHEN VORÜBER	196

TANGO IN MOLL

VON BEATE RUSCH

Aki Kaurismäki ist erklärtermaßen der Lieblingsfinne der deutschen Feuilletons. Neben dem Komponisten Jean Sibelius und dem legendären Skispringer Matti Nykänen gehört der Regisseur zu den ganz wenigen seines abgelegenen, unauffälligen Landes, deren Namen man sich hier hat merken können und wollen. Man feierte ihn als »Wunderkind«, »finnischen Filmwunderknaben«, als »Faßbinder des Nordens«, kurzum: als die große Zukunftshoffnung für den europäischen Film.

Spätestens das groteske Road-Movie *Leningrad Cowboys go America* (1989) machte den finnischen Regisseur Aki Kaurismäki international zu einem gefeierten Star. Der Film mit der verrücktesten Rock'n'Roll-Band der Welt, die perfekt gestylt mit überdimensionierten Schnabelschuhen und ellenlangen Haartollen ihr Glück in der Neuen Welt sucht und schließlich in Mexiko landet, lockte allein in Deutschland 700.000 Zuschauer in die Kinos. Ein kleines Wunder sei geschehen, frotzelte daraufhin der finnische Filmpapst Peter von Bagh. Die internationale Fachwelt habe Anfang der neunziger Jahre nur mit Erstaunen zur Kenntnis nehmen können, daß sich die Deutschen als Volk mit Sinn für schrägen Humor offenbarten.

Die deutschen Kritiker standen dem Rummel um die Cowboys, die in der Folge in Begleitung des stimmgewaltigen russischen Alexandrov-Ensembles Finnland unter einem ganz neuen Logo repräsentierten, eher verhalten gegenüber. Wenn Kaurismäki mit seinem Cowboy-Film ihre Herzen schon nicht eroberte, so tat er das doch im Sturm mit dem *Mädchen aus der Streichholzfabrik* (*Tulitikkutehaan tyttö*, 1989). Mit der Geschichte der stets und überall abgelehnten Fabrikarbeiterin Iris beendete er seine *Proletarische Trilogie*, die Kaurismäki den Verlierern aus der Unterschicht widmete. *Das Mädchen aus der Streichholzfabrik*, mit dem der Finne einmal mehr seine Heimat melodramatisiert, ist in seiner formalen Meisterschaft und gedanklichen Klarheit eine Art Resümee der typischen Leitmotive Kaurismäkis.

Ein urbanes intellektuelles Publikum hatte den Regisseur bereits in den Jahren zuvor im Rahmen der Berliner Filmfestspiele auf dem Forum des Jungen Films für sich entdeckt. In dieser Reihe lief bereits 1988 Kaurismäkis eigenwillige Shakespeare-Adaption *Hamlet macht Geschäfte* (*Hamlet liikemaailmassa*, 1987), womit der Filmemacher einen eben solchen Erfolg landete wie ein Jahr später mit *Ariel* (1988). Seitdem ist Kaurismäki regelmäßiger Gast des Forums des jungen Films. Die Beziehung zwischen dem Berlinale-Wettbewerb und dem finnischen Regisseur dagegen gestaltete sich schwieriger. Mehrfach sollte einer seiner Filme als finnischer Wettbewerbsbeitrag laufen und wurde kurz vor Festivalbeginn aus dem Programm gestrichen. Aufgrund dieser Vorgeschichte dankt der Regisseur dem langjährigen Verantwortlichen für das Forum-Programm Ulrich Gregor und verweigert sich nun dem Wettbewerb zugunsten der vielleicht interessanteren Nebenreihe.

Aki Kaurismäki 1990 in einem Grußwort: »Ich kann nicht gerade behaupten, daß ich die Berliner Filmfestspiele mag, aber das Forum ist etwas anderes. Das Publikum im Forum hat den Witz und den *tieferen Sinn* meiner Filme (falls sie überhaupt einen haben, woran ich selber zweifele) verstanden. Sie müssen sowieso irgendeine Sorte Masochisten sein, um

GEGEN DIE SCHLECHTE BEHANDLUNG DURCH IHREN SELBSTHERRLICHEN MANAGER VLADIMIR (MATTI PELLONPÄÄ) KANN SICH DIE BAND SCHLIESSLICH NUR NOCH MIT GEWALT WEHREN.

die Filme sehen zu wollen. Das Bier in Berlin ist nicht besonders gut, und es dauert eine Ewigkeit, bis man endlich eins hat. Glücklicherweise haben sie in der Stadt auch noch anderer Getränke. Kurzum: Das Filmforum Berlin ist ein Stück geistige Heimat für mich.«

Als Einzelpersönlichkeit hat Kaurismäki einen Kreis von Menschen um sich versammelt, der halb aus Theaterschauspielern und halb aus Rockmusikern besteht. Nicht zuletzt diese Mischung macht den eigentümlichen Reiz seiner Filme aus. Zu diesem Kreis gehörten von Anfang an Mato Valtonen und Sakke Järvenpää, die späteren Begründer der *Leningrad Cowboys*. Der Musikszene ist Kaurismäki bis heute eng verbunden geblieben. Er dreht Musikclips für die Cowboys, und feste wie assoziierte Mitglieder der Band tauchen regelmäßig in seinen Filmen auf. Auch Matti Pellonpää – ohne dessen einprägsames Gesicht die Kaurismäki-Filme nur halb so schön wären – lebte neben der Schauspielerei eine zweite Karriere als Sänger in seiner eigenen Rockband *Peltsix*, bis er 1995 plötzlich starb. Der Regisseur selbst reiht sich spielerisch ein in diese Familie, wenn er – wie einst Alfred Hitchcock in seinen Filmen – in Nebenrollen vor der Kamera auftaucht. In *Das Leben der Boheme* (*La Vie de Bohème*, 1991) erleichtert er einen mittellosen albanischen Maler um seine Brieftasche, als Sonnenbrillenverkäufer in *I Hired a Contract Killer* (1990) verpaßt er dem flüchtenden Henri ein paar schwarze Gläser. In *Schatten im Paradies* (*Varjoja paratiisissa*, 1986) mimt er einen wortkargen Nachtportier in einem Hotel, und in *Calamari Union* (1985) fährt er den Leichenwagen, den Frank für seinen toten Freund so dringend benötigt.

Gerüchten zufolge beobachtet die finnische Tourismusindustrie die steigende Popularität Kaurismäkis im Ausland mit eher gemischten Gefühlen. Sie fürchtet – ob zurecht oder zu unrecht, sei dahingestellt –, daß den Kinobesuchern nach einem Kaurismäkifilm die Lust auf eine Reise an die finnischen Seen endgültig vergangen ist. Wahr ist: dem prospektgewordenen Traum der Reiseveranstalter vom mythischen Finnland mit einer jungfräulichen Natur, Mitternachtssonne, Wäldern, Seen und Sauna frönt der Filmemacher nicht.

Statt dessen zeigt er in seinen Filmen düstere Hinterhöfe, triste Wohnungen mit unbezahlten Möbeln, trostlose Bars und öde Bingohallen, in denen die Spieler wortlos nebeneinandersitzen. Aki Kaurismäkis »Helsinki« ist mit den Worten des deutschen Filmkritikers Andreas Kilb, »der Rost, der Müll, der Ausschuß, den die Zeit auf ihrem Weg zur Gegenwart zurückgelassen hat.« Aki Kaurismäki liebt und haßt diese verrotteten Stadtlandschaften gleichermaßen: »Ich habe einen Schönheitsbegriff, der sich von dem anderer Leute grundlegend unterscheidet. Für mich sind die häßlichen Seiten der Städte schön. Wenn man meine Filme sieht, fragt man sich vielleicht: Warum dreht der immer in den schlimmsten Teilen der Stadt? Aber für mich sind diese Plätze nicht furchtbar, sondern schön. Auch die Menschen, die gemeinhin als häßlich gelten, sehen für mich schön aus. Und umgekehrt«, antwortete Aki Kaurismäki vor ein paar Jahren in seiner entwaffnenden Art auf die Frage nach seiner Vorliebe für heruntergekommenen Ecken der Städte. Daß die Figuren nicht dem gängigen Schönheitsideal entsprechen, trägt auch dazu bei, daß Kaurismäkis Filme wenngleich nicht unbedingt realistisch, so doch ehrlich wirken. Viele der Helden aus der Welt Kaurismäkis sind weder schön noch reich und auch nicht sonderlich intelligent, aber zum Freund hätte man manchen von ihnen gerne gehabt.

Auch wenn Aki Kaurismäki außerhalb von Finnland dreht, dann sehen Städte wie London (*I Hired a Contract Killer,* 1990) oder Paris (*Das Leben der Boheme*, 1991) plötzlich aus wie Helsinki. Überall wo Kaurismäki seine Kamera aufstellt, ist Finnland, fängt Finnland an. Dabei ist Helsinki oder Finnland nicht die Stadt oder das Land, sondern ein Prinzip. Ein Prinzip, dem Kaurismäkis rastlose Helden zu entkommen versuchen. In *Ariel* (1988) schifft sich Taisto mit der Politesse Irmeli und ihrem Sohn Riku nach Mexiko ein. Und der Müllmann Nikander, endlich vereint mit der Kassiererin Ilona, läßt die *Schatten im Paradies* (1986) und den Hafen von Helsinki auf der Fähre nach Tallinn hinter sich. In *Calamari Union* (1985) brechen die beiden letzten Überlebenden in

HAMLET KEHRT AUS ENGLAND ZURÜCK.

einer klapprigen Schaluppe nach Estland auf. Fast alle Filme, die Kaurismäki gedreht hat, handeln von dem Versuch, Finnland zu verlassen. Die Filme sind zu Ende, wenn es den Protagonisten gelungen ist, aus Helsinki zu entkommen. Manche fliehen mit dem Schiff, manche mit dem Ruderboot. Andere gehen ins Gefängnis. Und einige schaffen es nie.

Unbehaust in ihrem Land, das ihnen keine Arbeit gönnt, fliehen sie nicht in den goldenen Westen, sondern in den ach so weit entfernten und doch so nahen Osten. Die Hoffnung liegt auf der anderen Seite des Ufers und hat einen Namen: Estland. Nur in einem einzigen Film – da ist der eiserne Vorhang längst gefallen – erreicht eine Figur aus dem Kaurismäkischen Kosmos sein Ziel. Reino in *Tatjana, take care of your scarf* (*Pidä huivista kiinni, Tatjana,* 1993) findet sein Glück mit Tatjana in Tallinn. Doch auch hier ist Tallinn eine Vision. Die Zeit ist seltsam unbestimmt, scheint stillzustehen in diesem kurzem Film, den Kaurismäki den sechziger Jahren widmet. Nicht zufällig haben seine Figuren eine Vorliebe für alte abgenutzte Dinge, die längst nicht mehr in unsere Zeit zu gehören scheinen. Sie fahren riesige alte amerikanische Cadillacs, Buicks oder sowjetische Bonzenschleudern und stehen sinnierend vor Schaufenstern mit verstaubten Kakteen, die man eher in einem Ostblockland als in Finnland vermuten würde.

Im Grunde ihres Herzens sind fast alle Männer in seinen Filmen Cowboys, nur – so Kaurismäki – heißen sie nicht so. Sie gehören zur Arbeiterklasse oder sind arbeitslos, sie haben ein besonders Verhältnis zur Natur und zur Freiheit. Sie kommen und gehen, wann sie wollen. Es sind Männer ohne Heimat.

Den Grund für dieses Unbehaustsein in der Welt sieht Aki Kaurismäki in dem tiefgreifenden gesellschaftlichen und kulturellen Wandel, der sich in den letzten zwanzig Jahren in Finnland vollzogen hat: »Finnland ist heute die Heimat des Existentialismus. Viele Menschen verkraften den tiefgreifenden Wandel nicht, fühlen sich entwurzelt oder fremd im eigenen Land – allein im radikalsten Sinn. Mitte der sechziger Jahre waren wir noch eine funktionierende, vorwiegend bäuerliche Gesellschaft. Der wuchernde Kapitalismus hat uns nur häßliche Betonklötze und 20% Arbeitslosigkeit gebracht«, sagte der Filmemacher 1994.

Aufgewachsen ist Aki Kaurismäki auf dem Land, in einem kleinen Ort namens Orimattila, siebzig Kilometer nördlich von Helsinki. Zum Film kam der 1957 geborene Aki durch seinen zwei Jahre älteren Bruder Mika. Mika studierte an der Film- und Fernsehakademie in München, während Aki als Student in Tampere die universitäre Filmzeitschrift betreute und seine Tage offensichtlich mehr im Kino als im Vorlesungssaal verbrachte. Später schlug er sich mit Gelegenheitsjobs, die selten länger als ein paar Monate währten, durchs Leben: als Postbote, Tellerwäscher im Stockholmer Grand Hotel, Zeitungsverkäufer und Stahlarbeiter. Noch heute sagt Aki, daß er eigentlich habe Schriftsteller werden wollen und zum Film nur zufällig gekommen sei. Und dann erzählt er gerne die folgende Legende: sein Freund Pauli Pentti hätte eines Sonntag morgens, elf Uhr sei es gewesen, auf der Straße zu ihm gesagt: »So geht das einfach nicht weiter.« Dann hätten sie sich hingesetzt und ein Drehbuch geschrieben. Mika hatte eine Kamera, ein wenig Filmmaterial und ein bißchen Geld für seinen Abschlußfilm an der Akademie. Aki bot sich für die Hauptrolle an. So sei *Der Lügner* (*Valehtelija,* 1980) entstanden, eine 53minütige Komödie in Schwarzweiß im Stil der Nouvelle Vague, mit der die Kaurismäkis Jean-Luc Godard ihre Verehrung erwiesen. Der Film wurde ein Erfolg, und die filmenden Brüder, die bald ein Drittel der jährlichen finnischen Filmproduktion beherrschen sollten, zum ständigen Faszinosum in der einheimischen und ausländischen Presse. Ob es Konkurrenz zwischen ihnen gebe, das wollten eigentlich immer nur die Kritiker wissen.

1986 initiierten sie das *Midnight Sun Film Festival* im lappländischen Sodankylä, ein Filmfestival, das manche für das verrückteste der Welt halten. Mit dem Beginn des Sommers in der Woche Juhannus um den höchsten Feiertag der Nation *Juhannuspäivä*, jenem Samstag im Juni, der dem Johannistag am nächsten liegt, laufen hier 150 Kilometer nördlich vom Polarkreis vier Tage lange – Nächte

KATI OUTINEN, MATTI PELLONPÄÄ UND DER REGISSEUR

gibt es zu dieser Zeit keine – ununterbrochen Projektionen. Es ist eine Mischung aus Werkstattgespräch und Marathonparty, die Jahr für Jahr in- und ausländische Filmbegeisterte nach Lappland zieht.

Heute teilen sich die Brüder mitunter noch dieselbe *Arriflex*, die sie Ingmar Bergmann abkauften, dieselbe Crew und manchmal auch die Schauspieler, künstlerisch aber gehen Aki und Mika seit Mitte der achtziger Jahre ihre eigenen Wege.

Aki Kaurismäki ist sich selbst sein bester Autor und Cutter und mittlerweile auch sein eigener Produzent. Er produziert kostengünstig und mit verblüffender Geschwindigkeit. Nicht zuletzt deshalb ist der finnische Filmemacher immer wieder mit dem jungen Rainer Werner Faßbinder verglichen worden. Gemessen am europäischen Maßstab gilt er mit 12 Filmen in 13 Jahren nicht nur als produktiv, sondern geradezu als arbeitswütig.

Aki ist bekannt für seine unberechenbaren öffentlichen Auftritte und seine unbändige Trinklust, wobei er das eine mit dem anderen durchaus zu verbinden weiß.

Deutsche Journalisten halten es für erwähnenswert, daß der Regisseur zum Interviewtermin bisweilen nach Weißwein verlangt, den er dann entweder mit viel Eis zu sich nimmt oder gleich aus der Flasche trinkt. Nur Unbedarfte wundert es, die lakonischen Sätze, die sie dem Filmemacher zu einem Zeitpunkt abgerungen haben, als sie ihn noch in halbwegs nüchternem Zustand wähnten, am nächsten Morgen wortgleich auch im Konkurrenzblatt zu finden. Alles was der Filmemacher erzählt, wird zur Legende. Er versteht es, Erinnerungen und Begebenheiten zu druckreifen Anekdoten zu verkürzen, in denen Witz und Wahrheit gleichberechtigt nebeneinander stehen. »Zur Stimmung in Finnland also folgendes: Wir reden nicht soviel, weil wir die ganze Zeit über frieren. Wir reden nur, wenn wir können, aber kein bißchen mehr. Wir trinken auch nicht, kein Finne hat jemals getrunken. Die Trinker in meinen Filmen reproduzieren nur das Klischee vom ›trinkenden Finnen‹«, erzählte er einst einem verblüfften Journalisten.

Aki Kaurismäki will Geschichten erzählen, Geschichten in ganz klassischer Manier. Das sind für ihn einfache Kamerabewegungen, oft schmucklose Bilder und guter Schnitt. Wenn er etwas nicht will, dann ist es *Kunstfilme* drehen. *Kunstfilme* sind etwas, was er nicht ausstehen kann. Der Autodidakt versteht es, die Handlung aus Bildern entstehen zu lassen. Nichts bleibt dem Zufall überlassen. Alles ist inszeniert, die Bilder an der Wand, die Farben, die Blumenvase auf der Mitte des Tisches. Ein Raum, zwei Personen und ein Dialog: dann fühlt er sich wohl, kann seine Figuren genau mit langsamen Auf- und Abblenden beobachten.

Die Aki Kaurismäkis Filme leben von dem, was seine Figuren nicht sagen. Seine Müllmänner, Bergarbeiter, Kassiererinnen, Fabrikarbeiterinnen und Automechaniker äußern sich, wenn überhaupt, dann bestenfalls in verhaltenen Gesten und erstaunten Blicken. Sie schauen, blicken nach unten oder nach oben, und schauen sich nur an, wenn sie einen triftigen Grund dafür haben. In diesen wenigen Blickwechseln kann eine ganze Liebesgeschichte verborgen sein. Die Liebe selbst steht in Kaurismäkis Filmen im Schutze der Intimität, die sich fast puritanisch angesichts des libertären Voyeurismus des derzeitigen Kinos ausnimmt. So geschieht es, daß dem Kameraauge eine Andeutung genug sein muß, daß ihm die Tür vor der Nase zugeschlagen wird, wenn die Liebenden allein sein wollen.

In den meisten Filmen Kaurismäkis muß man die sparsamen Dialoge nicht übersetzen, um der Handlung folgen zu können. Dieses Phänomen ist ständiges Thema der Interviews mit Aki Kaurismäki. Und der weiß darauf kaum mehr zu sagen als das schon bekannte: »Finnen reden nicht viel«.

Den charakteristischen Humor in Akis Filmen hat man subversiv und anarchisch genannt. Da sie sparsam mit Worten umgehen, treffen Kaurismäkis Helden oftmals schnell den Punkt. Beispiel *Ariel*: Bei der ersten Zigarette danach stellen sich Irmeli und Taisto vor. – Irmeli: Ich bin geschieden. – Taisto: So was soll vorkommen. – Irmeli: Ein Kind hab' ich auch. – Taisto: Um so besser. Dann sind wir ja fast schon so was wie 'ne Familie.

DIE HOHEN HÄUSER UND DIE MENSCHENMASSEN IM ZENTRUM DRÄNGEN TAISTO IN DEN DUNKLEN STADTRAND.

Auch Henri und Margret in *I Hired a Contract Killer* sind nicht gerade verschwenderisch mit Worten. Für schwerwiegende Entscheidungen bedarf es nicht mehr als zweier Sätze. Henri willigt ein, mit Margaret sein Glück im Ausland zu suchen. – Henri: Willst du deine Heimat verlassen? – Margaret: Die Arbeiterklasse kennt kein Vaterland.

Zuweilen greifen seine Helden zu unorthodoxen Methoden, um ihrem Ziel ein wenig näher zu kommen. Das Geschehen vollzieht sich nur auf den ersten Blick zwangsläufig und unvermeidlich, im Grunde ist bei Kaurismäki immer noch alles möglich. Iris in *Das Mädchen in der Streichholzfabrik* greift schließlich zu Rattengift, um dem Leben ihrer Peiniger ein Ende zu bereiten. Und da sie gerade dabei ist, ihr Schicksal selbst in die Hand zu nehmen, reicht ein dümmlicher Satz an der Theke, um einem vermeintlich unschuldigen Trinker auch ein bißchen Gift ins Glas zu kippen.

Am Ende seiner Filme steht nach überraschenden Wendungen und Pointen oftmals wie ein trotziges Dennoch ein Happy End. So gelingt es, daß die Zuschauer aus einem Film über ein verzweifeltes, arbeitsloses Ehepaar (*Wolken ziehen vorüber, Kauas pilvet karkaavat*, 1996), glücklicher herauskommen, als sie vielleicht hineingegangen sind.

Die Musik tritt an die Stelle von Sprache. Es vergeht kaum ein Film, in dem sich Akis Helden nicht eines Abends in einem Rockkonzert wiederfinden. Selbst seinen *Hamlet* schickt der Regisseur in ein Punkkonzert der Gruppe *Melrose*. Dort findet er kurze Zeit die Ruhe, seinen melancholischen Gedanken nachzuhängen. »Ich will auf dem Soundtrack die Kratzer der alten Platten hören. Der Klang von CDs und von modernen Filmmusiken ist mir zu sauber. Ich möchte die Rohheit des Lebens in jeder Hinsicht spüren. Ich kann mir überhaupt nicht vorstellen, ein Element von Sauberkeit oder Reinheit in meinen Filmen zu haben.«

Zwischen kratzige Rockplatten und Tschaikowski, dessen *Pathetique* jede noch so alltägliche Szene zu dramatisieren vermag, mischen sich alte, halbvergessene finnische Schlager und natürlich Tangoweisen. Wie der Kaffee das Nationalgetränk der Finnen ist, ist der Tango der Nationaltanz. Der arktische Tango ist zu einem Mythos geworden wie Kekkonen und Koskenkorva-Wodka. Natürlich befehden sich die Protagonisten der argentinischen Latino-Version und der nordischen Disziplin auf heftigste. Jeder will der Erfinder gewesen sein. Der südliche und der nördliche Tango unterscheiden sich sowohl im Geschlecht als auch in der Tonfolge. Die Südamerikaner spielen Dur und aufsteigende Tonfolgen und die Finnen Moll und abfallende Tonfolgen. So lernen wir verblüfft nicht nur den Cowboy, sondern auch den Tango als originär finnische Erfindung kennen.

Zu der cineastischen Ahnengalerie, auf die Aki Kaurismäki in seinen Filmen immer wieder Bezug nimmt, gehören neben dem Franzosen Robert Bresson mit seinen spröden, sozialkritischen Werken, auch der US-amerikanische Vater des Independent-Films, John Cassavetes, sowie Jim Jarmusch. Unübersehbar ist die Vielzahl von Anspielungen und Zitaten aus der Filmgeschichte. Immer öfter nehmen die Zitate die Gestalt ihres Regisseurs an. So taucht Jim Jarmusch in *Leningrad Cowboys go America* als Autohändler wieder auf, Samuel Fuller ist als Verleger in *Das Leben der Boheme* ebenso zu sehen wie Louis Malle, Serge Reggiani und in der Hauptrolle der berühmte Truffaut-Schauspieler Jean-Pierre Léaud.

Der Kritiker Andreas Kilb hat recht: »Kaurismäkis Geschichten stammen aus einer Welt, die langsam aus den Köpfen verschwindet, obwohl es sie immer noch gibt: Die Welt der ›klassischen‹ (grausamen, ungerechten, schmutzigen) Moderne.

Diese Welt läßt sich mit einfachen Begriffen beschreiben: Arbeit und Ausbeutung, Kapital und Armut, Macht und Korruption, Bürgertum und Proletariat. Mittlerweile, in der ›Post-‹ (Anti-, Neo-) Moderne, sind die Begriffe weicher, unschärfer, verlogener. Kaurismäki haßt diese Welt, ihre Kleider, ihre Wörter, ihre Musik, ihre Filme. Kaurismäki haßt die Filme von Peter Greenaway genauso wie die von Steven Spielberg, und *Kunstscheiße* ist einer der wenigen deutschen Ausdrücke, die er kennt.«

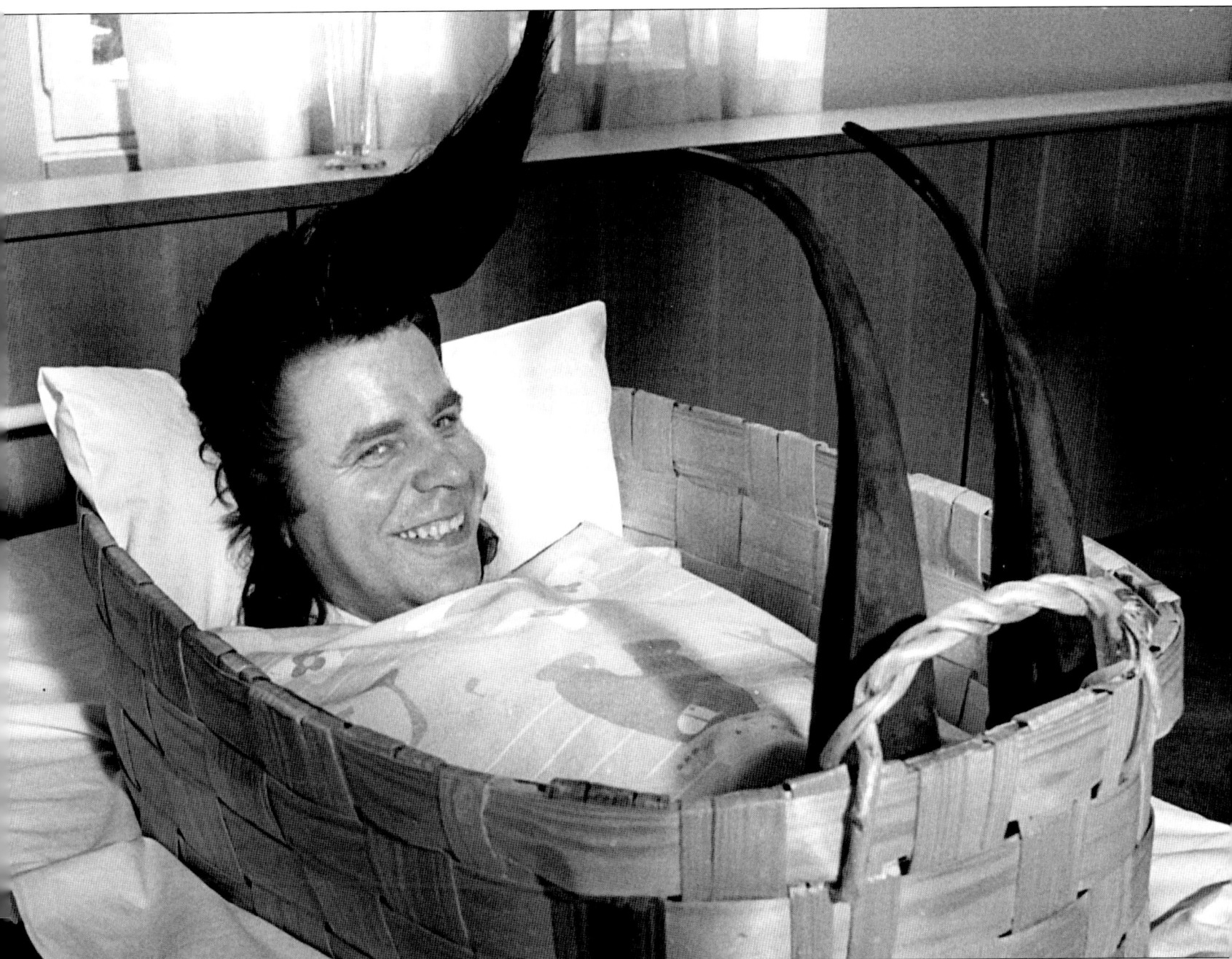

SCHULD UND SÜHNE

SCHULD UND SÜHNE
Rikos ja rangaistus
1983 • Spielfilm
93 Minuten • Farbe • 35 mm
Produktion: Villealfa Filmproduktions / Mika Kaurismäki
Darsteller: Markku Toikka (Antti Rahikainen) • Aino Seppo (Eeva Laasko) • Esko Nikkari (Kommissar Pennanen) • Hannu Lauri (Heinonen) • Matti Pellonpää (Nikander) • Pentti Auer (Kari Honkanen) • Kari Sorvali (Sormunen) • Olli Tuominen • Harri Marstio
Drehbuch: Aki Kaurismäki • Pauli Pentti nach dem Dostojewskis Roman *Schuld und Sühne* (1866)
Kamera: Timo Salminen
Ton: Mikael Sievers • Matti Kuortti
Schnitt: Veikko Aaltonen
Ausstattung: Matti Jaaranen
Musik: Dimitri Schostakowich • Franz Schubert
Mischung: Kjell Westmann / Film Mixarna

DIE GESCHICHTE

Ein junger Mann klingelt an der Wohnungstür einer vornehmen Altbauwohnung. Ein beleibter, bereits ein wenig grau gewordener Herr, ein Geschäftsmann vielleicht, öffnet die Tür. Sind Sie Herr Honkanen? – Ja. – Ein Telegramm. Wenn Sie hier bitte unterschreiben würden. – Herr Honkanen geht in sein Arbeitszimmer und sucht nach einem Stift. Der junge Mann in der braunen Wildlederjacke folgt ihm leise in die Wohnung. Was wollen Sie? – Der Junge zückt einen Revolver: Ich bin gekommen, um Sie zu töten. – Warum? – Das werden Sie nie erfahren. – Wenn Sie Geld wollen ...

Der Mann drückt ab, und Honkanen sackt blutend auf dem Parkett zusammen. Der Mörder vergewissert sich, daß sein Opfer tot ist, und setzt sich an dessen Schreibtisch. Plötzlich steht ein junges Mädchen mit Plastiktüten beladen in der Flügeltür. Was wollen Sie? Mädchen, mit Blick auf den Toten: Was ist los mit ihm? – Nichts, er ist tot. – Heute wird hier eine Party gefeiert. Ich bin als Hilfe für den Abend angestellt. – Es wird keine Feier geben. Ich habe ihn umgebracht. Worauf warten Sie? Rufen Sie die Polizei. – Warum? Was hat er ihnen getan? – Mir? Nichts ... Er hat mir nichts getan. – Hau'n Sie ab, schnell. Der junge Mann packt die goldene Uhr und die Brieftasche des Toten ein und geht. Das Mädchen ruft die Polizei. Kommissar Pennanen und sein Assistent am Tatort. Das Opfer war ein allseits geschätzter Geschäftsmann. Geschieden, zwei erwachsene Töchter. Freunde: keine. Feinde: keine. Heute hätte er seinen fünfzigsten Geburtstag gefeiert.

Die Täterbeschreibung, die das Mädchen abgibt – sie heißt Eeva und arbeitet in einer Konditorei – paßt auf 80.000 finnische Männer: mittelgroß, mittelschlank, braunes Haar, Jacke, Jeans. Einen irren Blick habe er gehabt. Der Kommissar lacht weise: Das erhöht die Anzahl der Verdächtigen.

Der Mörder heißt Antti Rahikainen und ist Jurastudent, der seine Tage als Ausbeiner am Fließband in einer Großschlächterei fristet.

Die Vermieterin seines möblierten Zimmers ist kurz davor, die Polizei zu rufen, nicht nur die Miete sei er ihr schuldig, er laufe in seinem Zimmer herum wie ein Tiger und rede mit sich selbst. Und nicht einmal seine Bettwäsche wolle er sich wechseln lassen.

Rahikainen geht in eine Gaststätte und bestellt ein Glas Wasser und eine klare Suppe. Sein Blick fällt auf die Schlagzeile: *Mysteriöser Raubmord* ... Rahikainen reißt vorsichtig den Artikel aus und knüllt ihn zusammen. Der Appetit ist ihm vergangen. Da kommt Nikander aus dem Schlachthof dazu, ein junger Spund, dem die blonden Haare ins Gesicht fallen und der immer auf einem Kaugummi oder einem

Zahnstocker kaut. Der Kumpel hat die Lage längst durchschaut und sich bei Rahikainens Vermieterin erkundigt. Das Problem sei das Blut. Rahikainen stockt der Atem. Ja, das Blut. Das Blut, das würde dicker, wenn man lange allein sei. Er solle einfach eine Weile ausspannen und dem Chef sagen, er könne kein Blut mehr sehen. Das ginge am Anfang allen so. Rahikainen muß plötzlich aufbrechen, sein Kollege schlürft hastig die Suppe aus und entdeckt im Aschenbecher den zerknüllten Zeitungsartikel. Er liest ihn und denkt sich seinen Teil.

Rahikainen geht in die Konditorei, in der Eeva arbeitet. Sie will nicht und trifft sich dann doch mit ihm.

Eeva: Hast du ihn gekannt? – Rahikainen: Wen? – Eeva: Den, für dessen Mord du morgen im Gefängnis landest. – Rahikainen: Werde ich? – Eeva: Hoffentlich. Frag die Polizei. – Rahikainen: Vielleicht verhaften sie mich, vielleicht auch nicht. Es gibt noch eine dritte Möglichkeit. Ich sag' dir meine Adresse, und du gehst damit zur Polizei. – Eeva haut Rahikainen eine runter. – Rahikainen: Warum hast du das getan? – Eeva: Warum willst du, daß ich die ganze Verantwortung trage? – Rahikainen: Ich bin furchtbar schlecht, wenn es um Entscheidungen geht. – Eeva: Findest du das komisch? – Rahikainen: Nein, furchtbar. – Bevor Eeva in der Dunkelheit verschwindet, nennt Rahikainen ihr seine Adresse.

Kommissar Pennanen forscht im Leben des Toten nach einer Spur. Er entdeckt, daß gegen den Geschäftsmann vor drei Jahren Anklage erhoben wurde wegen Fahrerflucht und Trunkenheit am Steuer. Eine junge Frau war bei dem Unfall gestorben. Aufgrund mangelnder Beweise wurde Honkanen freigesprochen. Vertreter der Anklage war der Verlobte der Toten: der Jurastudent Antti Rahikainen.

Rahikainen wird aufs Präsidium bestellt. Er hat kein Alibi. Bei der Gegenüberstellung schaut Eeva Rahikainen schweigend an: Nein, das sei er nicht gewesen.

Rahikainen besorgt sich über einen Freund einen Paß mit falschem Namen. Abends trifft er sich mit Eeva. Sie werden von der Polizei beobachtet. Und von dem eifersüchtigen Chef von Eeva auch. Der meint, viel für das hübsche junge Mädchen getan zu haben, und erwartet nun ein bißchen Dankbarkeit.

Am Hauptbahnhof läßt Rahikainen den Schlüssel von dem Schließfach, in dem er die Uhr und die Brieftasche seines Opfers deponiert hat, in der Mütze eines Betrunkenen fallen und gibt der Polizei einen Tip. Der Betrunkene wird verhaftet: für die Presse ist der Fall erledigt.

In Rahikainens Zimmer findet Eeva auf dem Sofa unter einem Kissen den Revolver. Sie erschrickt und läßt die Waffe geistesgegenwärtig in ihrer weißen Handtasche verschwinden. Eeva will, daß Rahikainen sich stellt.

Am selben Abend wird Eeva von ihrem Chef Heinonen in ein Hotelzimmer bestellt. Er droht ihr. Er liefere Rahikainen der Polizei aus, es sei denn, Eeva würde sich erkenntlich zeigen. Heinonen versucht es mit Gewalt, da greift Eeva in ihre Handtasche und zieht die Waffe. Sie drückt ab. – Der Revolver war nicht geladen.

Heinonen stellt den ahnungslosen Rahikainen auf dem nächtlichen Bürgersteig; jedoch bei dem Versuch, ihn zu erschießen, tritt er einen Schritt zurück und wird von einer Straßenbahn überfahren.

Auf dem Präsidium legt der Kommissar Rahikainen die Tatwaffe vor.

Kommissar: Wenn ich wüßte, wer der Mörder wäre, und er säße hier im Raum. Warum sollte ich ihn verhaften, ihn aus seiner Unsicherheit erlösen … Warum sollte ich ihn nicht durch die Stadt irren lassen? Besonders, wenn ich weiß, daß ihn seine Schuld am Ende zu mir führen wird. Mit mathematischer Sicherheit wird er etwas tun, was seine Schuld beweist. … Fünf Minuten vorher hat er vielleicht noch nicht im Traum daran gedacht. Und dann gibt er plötzlich auf und gesteht. – Rahikainen: So, Sie wissen wer der Mörder ist? – Kommissar: Ja, seit heute bin ich mir sicher. – Rahikainen: Wer ist es? – Kommissar: Das fragen Sie mich? Sie, Rahikainen, Sie sind der Mörder – In diesem Moment kommt der Assistent mit der Nachricht ins Büro gestürmt, daß Sormunen, der Betrunkene vom Hauptbahnhof, ein umfassendes Geständnis abgelegt hat.

Rahikainen bringt seinen einzigen Freund Nikander mit dem Auto auf die Nachtfähre nach Stockholm. Die Kontrolleure werfen einen strengen Blick in seinen Paß und lassen ihn passieren. Dann überlegt es sich Rahikainen anders. Der Kommissar behält recht. Rahikainen fährt zum Präsidium: Sie wünschen, bitte.

– Nichts, gar nichts. Fluchtartig rennt er aus dem Gebäude, da sieht er Eeva auf der gegenüberliegenden Straßenseite stehen und geht erneut hinein und legt noch im Empfang hastig sein Geständnis ab.

Eeva besucht Rahikainen im Gefängnis. Sie will auf ihn warten. – Willst du acht Jahre auf mich warten? Ich sag dir was: Der Mann, den ich getötet habe, ist nicht wichtig. Ich habe eine Laus getötet und bin selber eine geworden. Die Anzahl der Läuse bleibt konstant. Es sei denn, ich war von Anfang an eine, aber das ist nicht wichtig. – Rahikainen wollte ein Prinzip vernichten, keinen Menschen. Jetzt will er allein sein, so wie er es immer war. Er schickt Eeva davon.

DER FILM

Nachdem er mit seinem Bruder Mika drei Filme produziert hat, dreht Aki Kaurismäki 1983 mit *Schuld und Sühne* seinen ersten eigenen Film. Es ist eine literarische Umsetzung von Dostojewskis Raskolnikow-Roman. Kein Geringerer als Hitchcock habe gesagt, daß er sich nie im Leben an Dostojewski heranwagen würde, da er für eine Verfilmung zu schwierig sei. Da dachte sich der junge, freche Finne: Na gut, ich probier's. Schließlich sei es ehrenwerter, an einem großen Projekt zu scheitern, als mit einem durchschnittlichen auf die Nase zu fallen: »Und ich habe das beste Buch der Welt genommen und es völlig zerstört.« Mit anderen Worten, Aki war Dostojewski so treu »wie ein Zwerg einem Riesen nur sein kann.«

Noch heute sagt Aki, daß er eigentlich habe Schriftsteller werden wollen und zum Film nur zufällig gekommen sei. Und dann erzählt er gerne die folgende Legende: Sein Freund Pauli Pentti habe eines Sonntagmorgens, elf Uhr sei es gewesen, auf der Straße zu ihm gesagt: So geht das einfach nicht weiter. Da hätten sie sich hingesetzt und ein Drehbuch geschrieben. Akis älterer Bruder Mika hatte eine Kamera, ein wenig Material und ein bißchen Geld für seinen Abschlußfilm an der Münchener Film und Fernsehakademie. Aki spielte die Hauptrolle. So sei *Der Lügner* (*Valehtelija,* 1980) entstanden, eine Komödie im Stil der Nouvelle Vague, eine Hommage an Jean-Luc Godards *Alphaville* (1965). *Der Lügner* erzählt die Geschichte von Ville Alfa, einem notorischen Schnorrer und Möchtegern-Bohemien, der den festen Vorsatz hat, der größte proletarische Schriftsteller Finnlands zu werden. Der Film wurde auf dem Kurzfilmfestival in Tampere aufgeführt, und die Brüder landeten einen Überraschungserfolg. Der Film bekam Preise zuhauf brachte neuen Wind ins finnische Kino. Der nächste Film, den die Brüder zusammen drehten, war ein zweistündiger Dokumentarfilm über die finnische Rockmusikszene: *Saimaa-ilmiö* (*Das Saimaa-See-Syndrom,* 1981). Dann folgte der Spielfilm *Arvottomat* (*Die Wertlosen,* 1982) in der schon erprobten Arbeitsteilung: Mika Regie, Aki Drehbuch.

In *Schuld und Sühne* zeichnen Aki Kaurismäki und Pauli Pentti für das mit dem finnischen *Jussi* ausgezeichnete Drehbuch verantwortlich. Schon hier schimmert jener lakonische Wortwitz, den der Finne seinen Helden in den Mund legt, durch, für den Kaurismäki berühmt werden sollte.

Der Film beginnt – wie viele Kaurismäki-Filme – am Arbeitsplatz. Eine Küchenschabe läuft ins Bild und wird von einem Beil zerquetscht. Am Fließband reißen Männer in blutbefleckten, früher einmal weißen Schürzen mürrisch Rippen aus Tierleichen heraus. Blutende Schweineleiber hängen am Haken. Dort arbeitet der finnische Raskolnikow, Antti Rahikainen, der nach Schichtende einen Industriellen erschießen wird. Einen Moment lang verwandelt Aki dann sein Regiedebüt in einen Thriller mit einem blutend auf dem Parkett zusammenbrechenden Opfer und Polizei, die mit Blaulicht, Krankenwagen und der Spurensicherung heraneilt. Der Geschäftsmann bewegt Auge in Auge mit seinem Mörder nur die Braue, Rahikainen selbst hält die Waffe und den Blick ruhig und bewegt sich auch dann nicht schneller, als ein Mädchen Zeugin seiner Tat wird. Auch sie, sie schreit nicht und sie rennt nicht weg. Die Gesichter der Akteure regen sich kaum. Das hat der Regisseur schon früh zum Prinzip erhoben: »Alle Gefühle, die ganze Professionalität eines Schauspielers läßt sich durch ein bloßes Hochziehen der rechten Augenbraue ausdrücken, wenn man will. Ich will sagen, ich bitte meine Schauspieler, alles rauszuholen mit ihren Augen, dem Mund und der Nase, auch wenn es sehr schwierig ist, die Nase zu bewegen ... Ich gewähre ihnen, was das Sprechen und den Ausdruck betrifft, einen klar begrenzten Bereich, innerhalb dessen freilich alle Möglichkeiten ausgeschöpft werden sollen. Die Darsteller müssen sich darauf konzentrieren, die Empfindungen der Figuren dadurch auszudrücken, wie sie sich setzen, wie sie blicken. Wenn sie fröhlich oder traurig sind, dürfen sie das nur mit den Augen zu verstehen geben. Schauspieler, die herumzappeln, gestikulieren, schreien und dramatisieren, kann ich nicht ausstehen.«

Kaurismäki inszeniert die Frage von Schuld und Sühne, Gewissen und Strafe, Verantwortung und Freiheit in knappen dreiundneunzig Minuten mit einer Handvoll Figuren, die wenig sprechen und kaum handeln. Und dabei gelingt es ihm, mit seinem »spröden Erstling« »bei aller Ungeschliffenheit immerhin ein bißchen Wirklichkeit« zu zeigen. Und das ist – so der Rezensent Peter Claus – »mehr als die Überzahl seiner europäischen Kollegen und Kolleginnen in den vergangenen Jahren einzufangen gewußt haben.«

AKI KAURISMÄKI. STEHEND

DER MIT EINEM FAST NIETZSCHIANISCHEN SELBSTVERTRAUEN AUSGESTATTETE REGISSEUR WÄHLT NUR DESHALB DOSTOJ EWSKIJS *SCHULD UND SÜHNE* ALS THEMA FÜR SEINEN ERSTLINGSFILM, WEIL ER GEHÖRT HAT, DASS ALFRED HITCHCOCK DIESES WERK FÜR ZU SCHWIERIG HIELT. SPÄTER ERKENNT DER JUNGE MANN, DASS DER ALTE MANN RECHT HAT. ER BESCHLIESST, SEINEN KUMMER ZU BETÄUBEN, UND REIHT EINE MELANCHOLISCHE BELANGLOSIGKEIT AN DIE NÄCHSTE. IM BILD STREIFT RASKOLNIKOW (MARKKU TOIKKA) DURCH DAS ZENTRUM HELSINKIS.

NIKANDER (MATTI PELLONPÄÄ) IST RAHIKAINENS EINZIGER FREUND. DAS IST WENIG ÜBERRASCHEND, BEDENKT MAN SEINEN VERSCHLOSSENEN CHARAKTER. IN DIESER NEBENROLLE IST IM KEIM DER VON PELLONPÄÄ UND DEM REGISSEUR ENTWICKELTE »STOLZE VERLIERER DER VORSTADT« BEREITS ANGELEGT.

**RAHIKAINEN WÄHLT DEN DUNKELSTEN AUGENBLICK DER NACHT,
UM DIE MORDWAFFE UNTER EINEM SOFAKISSEN ZU VERSTECKEN.**

IN DEN VERNEHMUNGEN REDET RAHIKAINEN DERART WIRRES ZEUG, DASS DIE KRIMINALBEAMTEN (ESKO NIKKARI UND OLLI TUOMINEN) IHN EINEN MOMENT LANG FÜR UNSCHULDIG HALTEN.

**WORTKARG VERHEIMLICHT DIE PUTZFRAU (TIINA PIRHONEN) IHRE LIEBE.
DAS TUN DER BEWOHNER VERFOLGT SIE MIT FIEBRIGEN AUGEN.**

EEVA (AINO SEPPO) VERWECHSELT LIEBE UND MITLEID UND
KNÜPFT IHR SCHICKSAL AN DAS DES AMATEURHAFTEN MÖRDERS.

EEVA VERSUCHT RAHIKAINEN DAZU ZU BEWEGEN, SICH ZU STELLEN,
DAMIT SIE IHN SPÄTER IM GEFÄNGNIS BESUCHEN KANN.

»UND WENN ES KEINEN GOTT GIBT. DANN SIND IM HIMMEL NUR SPINNEN ODER IRGEND ETWAS ANDERES.«
RAHIKAINEN HINTER GITTERN.

CALAMARI UNION

Calamari Union
1985 • Spielfilm
82 Minuten • Schwarz-Weiß • 35 mm
Produktion: Villealfa Filmproductions / Aki Kaurismäki
Darsteller: Markku Toikka • Kari Väänänen • Matti Pellonpää • Pertti Sveholm • Martti Syrjä • Sakke Järvenpää • Kari Heiskanen • Mato Valtonen • Sakari Kuosmanen • Pirkka-Pekka Petelius • Mikko Syrjä • Pate Mustajärvi • Mikko Mattila • Asmo Hurula • Puntti Valtonen • Hannu Nurmio • Ralf Hendrik »Dave« Lindholm
Herstellungsleitung: Jaakko Talaskivi
Drehbuch: Aki Kaurismäki
Kamera: Timo Salminen
Ton: Jouko Lumme
Schnitt: Aki Kaurismäki • Raija Talvio
Mischung: Kjell Westman / Film Mixarna

DIE GESCHICHTE

Siebzehn Männer namens Frank treffen sich zum letzten Abendmahl und teilen Wein, Brot und ihr Kleingeld miteinander. Die Gesellschaft hat sich versammelt, um einen folgenschweren Entschluß zu fassen. Sie wollen fliehen. Sie haben genug von Kallio, jenem Bezirk von Helsinki, in dem böse Omas einem grundlos gegens Knie treten, wo überhaupt die Verhältnisse schlecht sind und die Busse unzuverlässig. Anderes hört man vom anderen Ende der Stadt, von Eira: da sei die Luft erfrischend und die Straßen breit und glatt. Eira liegt Meilen entfernt. In Kilometern sind es etwa fünf. Dort liegt das Meer und am Meer das Paradies.

Der erste Teil der Flucht gelingt. Zuerst kidnappen sie gemeinsam eine U-Bahn, dann zerstreuen sie sich. Das ist ihr Verderben. Die Truppe streunt durch modrige U-Bahn-Schächte, nur den letzten beißen die Hunde. Der wird von einem pflichteifrigen Bahnbeamten erschossen. Bevor sein Lebenslicht erlischt, stöhnt er *Scheiße* und verlangt nach einer letzten Zigarette.

Die erste Nacht verbringen die Franks zu zweit oder zu dritt mit Kultur: mit Popcorn und russischen Stummfilmen im Kino, in Spielhöllen, recht unbehelligt vom Rest der Welt im Museum oder einsam zusammengekauert auf dem Boden öffentlicher Telefonzellen.

Nur einem einzigen gelingt es, die Nacht ordnungsgemäß in einem Bett zu verbringen. Frank, der Unbarmherzige, mietet sich in einem Hotel ein, und trifft dort in Gestalt eines Zimmermädchens die Liebe seines Lebens.

Frank: Ich werde ein Haus auf der anderen Seite der Stadt am Meer bauen. Danach werde ich ins Geschäftsleben einsteigen. Kinder können auch in Frage kommen, wenn du so willst. – Frau: Kinder bedeuten nichts. Wann wird das alles geschehen? – Frank: Sofort, wenn du mir sagt, wie man nach Eira kommt. – Eira sieht Frank, der Unbarmherzige, nie. Er strandet schließlich als Portier mit seiner Liebsten im Hotel *Helsinki*.

In der Frühe entsteigen die Franks der Kanalisation oder fallen von den Bäumen. Man trifft sich zum Kaffee und Philosophieren in einer Kneipe. »Verschiebe nicht auf morgen, was du heute kannst besorgen«, lautet die Devise eines der Schlaueren.

Der im Guerillakampf erprobte Pekka, der sich immer wieder einer Gruppe Franks anschließt, wirft statt Kaffee lieber ein paar Pillen ein. Auf seine Weise behält er recht: Die Großstadt ist ein Kriegsschauplatz. Pekka wird in einem amerikanischen Schnellrestaurant von ausländischen Terroristen niedergeschossen.

Die Idee, Geld zu borgen für einen Bus, der die ganze Gesellschaft nach Eira bringen könnte, trifft bei der Bank auf wenig Gegenliebe.

Den Argumenten des Sprechers, der nicht begreifen mag, daß ein Mann in seiner Position hier betteln muß wie irgendein Hausierer, vermag der Banker nicht zu folgen. Der Gedanke, die Polizei zu rufen, um sich der ganzen Bagage auf galante Art zu entledigen, ist dem Beamten ein attraktiverer. Der Sprecher wird verhaftet, und der Rest der Gruppe flieht weiter.

Frank, der Sensible, will nun sterben. Er legt sich flach auf die Fahrbahn, vorbei kommt nur ein Taxi mit seinen Kumpels. Die überreden ihn, mitzukommen, und haben Glück. Der Taxifahrer entpuppt sich als echter Frank und vermittelt die Jungs an einen Kumpel, der ihnen großzügig einen Platz anbietet an seinem selbstentfachten Lagerfeuer mit Blick auf den Industriehafen.

Einer macht sich selbständig. Frank übernimmt eine Kneipe von einem uneinsichtigen Vorbesitzer, der selbst gefesselt und geknebelt das Protestieren nicht ganz aufgeben will. Alles wäre wunderbar gelaufen, wenn die Gäste nicht allesamt Frank heißen würden, die stets nur das erfrischende Wasser aus dem Hahn konsumieren, oder aus einsamen Gästen bestünden, die zu betrunken sind, um sich bedienen zu lassen.

Auch denjenigen, die sich auf weniger legale Weise den Weg nach Eira zu ebnen versuchen, ergeht es nicht viel besser. Frank mit den spitzen Schuhen und den abstehenden Haaren klaut für sich und seinen Freund eine Limousine von einem Politiker. Dafür muß er wohl oder übel kurzfristig den Chauffeur in den Kofferraum verfrachten. Doch dann konzentriert er sich mehr auf seine stolz geschwellte Brust als auf den Verbleib des Autoschlüssels. So landet der Schlüssel vor den erstaunten Augen seines Freundes im Gully. Den zweiten Schlüssel hat der Chauffeur. Der schusselige Frank weiß Rat und schlägt seinen Freund zusammen. Dann bittet er einen unschuldigen Passanten für seinen darniederliegenden Freund den Verbandskasten aus dem Kofferraum der schwarzen Limousine zu holen. Der tut eilfertig wie ihm aufgetragen und entdeckt statt eines Verbandskastens einen wild gewordenen Chauffeur im Kofferraum, der nur darauf gewartet hat, seinen vermeintlichen Widersacher Mores zu lehren. Derweil muß Frank feststellen, daß er es mit seinem besten Freund zu gut gemeint hat. Der braucht nun keine Politikerkutsche mehr, sondern einen Leichenwagen. Zufällig fährt ein solcher gerade vorbei mit einem Fahrer, der das Problem sofort erkennt. Und so fährt Frank mit den abstehenden Haaren mit Frank, dem Leblosen, auf der dafür geeigneten Ladefläche weiter Richtung Süden.

Andere kommen um durch die eigene Hand. Ein Frank erhängt sich in der Herrentoilette eines feinen Restaurants an seiner neuen Krawatte, die nach Aussage der Fachverkäuferin hervorragend zu seinem Anzug paßt.

Ab und zu tun sich die toten und quicklebendigen Franks zusammen und rocken vor begeistertem Publikum das Lied von den bösen, bösen Jungs, die niemand liebt und niemand anruft.

Die Begegnung mit dem anderen Geschlecht wird der Truppe in der Regel zum Verhängnis. Sei es, daß es in schicken Sportwagen vorbeifährt und den Mann von seiner Gruppe trennt oder aber gleich handgreiflich wird. Ein Frank wird in einem Frisiersalon erstochen. Dort entdeckt er eine einstige Geliebte unter der Haube. Gerade war sie glücklich im Begriff, den Kerl, der sie mit Kind und Kegel sitzenließ, zu vergessen, da steht der Hund erneut vor ihren Augen. Der Friseursalon befindet sich in tatkräftiger Frauenhand, und die Friseurinnen sind auf Zuruf gerne bereit, mit ihren spitzen Scheren solange in das untreue Männerherz zu stechen, bis es nicht mehr schlägt.

Ein Frank, der nichts wollte, als einer blonden Schönen, von Beruf Sekretärin, engagiert zu erläutern, wie ausgebeutet und unglücklich sie in ihrem Beruf ist, fängt sich am Ende als Dank für seine schwallende Rede nicht Liebe, sondern eine Revolverkugel ein.

Immerhin, zwei Frankies gelingt es am Ende, mit Hilfe alter Stadtpläne nach Eira zu kommen: Frank, dem Schlauen, und Frank, dem Sensiblen, der dem Rat seines so teuren wie fröhlichen Psychiaters, seinem überflüssigen Leben endlich ein Ende zu bereiten, nicht Folge leistete. Viel mehr als ein stinkendes Gewässer ist von Eira nicht geblieben. Sie haben sich verspätet, um Jahre.

Schließlich einigen sich die beiden letzten Überlebenden – nach ein paar kleineren Handgreiflichkeiten unter Männern –, sich gemeinsam mit einem kleinen Ruderboot nach Estland aufzumachen.

DER FILM

Nein, die Suche nach einer tieferen Bedeutung sei in seinen Filmen vergebens. Es gäbe keine, auch in *Calamari Union* nicht, sagt der Regisseur Aki Kaurismäki rückblickend. Der zweite Film des Finnen erzählt von einer Gruppe Rockmusiker und Schauspieler auf der Suche nach dem Glück. Das Glück in *Calamari Union* hat einen Namen. Es heißt Eira, ist reich und schön und liegt im Süden Helsinkis. Der Stadtteil Eira ist nur fünf Kilometer entfernt, und doch will keinem einzigen die Flucht dorthin gelingen. Die Männer, die ihre Sonnenbrillen niemals abnehmen und zwischen den Lippen stets eine Zigarette mit sich herumtragen, kommen nicht vom Fleck und begegnen immer Ihresgleichen, nur ab und zu einer schönen blonden Frau. »Nichts, nirgends, niemand, nie: Jedesmal aufs Neue scheint Kaurismäki dieses poetengezupfte Kleeblatt totalen *Aus-der-Welt-gefallen-Seins* im Kino sichtbar machen zu wollen; und zugleich glaubt man im Hintergrund das rotzige Lachen eines »Dennoch!« zu hören«, beschreibt ein Rezensent der *Frankfurter Rundschau* die Stimmung dieses absurden Roadmovies.

Fast alle Darsteller, denen man ihren Spaß bei den Dreharbeiten anzusehen glaubt, sind tief verwurzelt in der finnischen Rockmusikszene der achtziger Jahre. Kaurismäki hat wie Faßbinder als Einzelpersönlichkeit eine Filmfamilie um sich versammelt, die treu und unzertrennlich zu sein scheint. Zur Hälfte besteht sie aus professionellen Schauspielern vom Theater und zur anderen aus Musikern. Nicht zuletzt diese Mischung verleiht den Filmen Kaurismäkis einen so eigentümlichen Reiz.

Die Musiker Sakke Järvenpää und Mato Valtonen, Begründer der *Sleepy Sleepers* und späteren *Leningrad Cowboys*, treten schon in diesem frühen Kaurismäki-Film als Liebhaber großer alter Autos auf. Matti Pellonpää zeigt sich kurz von seiner musikalischen Seite als Sänger. Sein Gesicht sollte eines der Markenzeichen der Filme der finnischen Kultregisseurs werden. In fast allen Filmen spielt auch der vielseitige Schauspieler Kari Väänänen mit, der in der Zwischenzeit Schauspiel an der Akademie lehrt und Filme dreht. Pirkka-Pekka Petelius als Mann mit der sensiblen Psyche, die nach einem verständnisvollen Psychiater ruft, wird für Kaurismäki ein paar Jahre später in ekelhaft-wunderbarer Weise *Hamlet* mimen.

DREHARBEITEN IM OLD CHURCH PARK IN HELSINKI. »MUTTER WIRD UNS BESTIMMT VERZEIHEN.« SITZEND: MATTI PELLONPÄÄ UND PIRKKA-PEKKA PETELIUS.

Der Rocksänger Markku Toikka als Pekka ist das Gesicht aus Kaurismäkis Erstling *Schuld und Sühne* von 1983. Nicht zufällig geistert Pekka im Kampfanzug durch die Stadt, und spricht nur englisch. Helsinki erscheint als Großstadt, in der man schwer vorankommt, sich leicht verliert und noch viel leichter stirbt. Mit *Calamari Union* hat Aki Kaurismäki eine existentialistische Komödie gedreht, welche das Gefühl vermittelt, daß das Leben ein Labyrinth ist mit vielen Wegen, die an kein Ziel führen, nur an ein Ende: den Tod.

In diesem frühen Film steckt bereits viel von dem, was die späteren Kaurismäki-Filme auszeichnen wird: die Musik, die vom Blues über finnische Schlager und Rock bis zum traurigschönen finnischen Tango reicht, sowie die stete Hoffnung auf ein bißchen Glück, das immer gerad woanders zu finden ist. Ein paar Jahre später buchstabiert Kaurismäki Eira, das verlorene Paradies am anderen Ende der Stadt, rückwärts und dreht *Ariel*. So steckt in *Calamari Union* ein bißchen von beiden: dem ernsten Regisseur der *Proletarischen Trilogie* und demjenigen, dessen Herz für das völlig Abseitige schlägt und der die *Leningrad Cowboys* auf die Reise schickte. *Calamari Union* ist einfach eine traurige Komödie.

RECHTS: NICHT NUR WASSERRATTEN, AUCH DIE FRANKS BEVORZUGEN AUF IHRER ODYSSEE MODRIGE ABWASSERKANÄLE, SCHÄCHTE, HEISSWASSERROHRE, NASHÖRNER UND NILPFERDE.

WENN DER BAUM MORSCH IST, MUSS SICH DER GESUNDE ZWEIG VON IHM LÖSEN.
DER KAMPF UM EIN BESSERES LEBEN BEGINNT.

NACHDEM ER SEINE KUMPELS VERRATEN HAT, BEHERRSCHT FRANK DEN UNBARMHERZIGEN (SAKARI KUOSMANEN) NUR NOCH DER WUNSCH ZU STERBEN. VORERST GREIFT DAS ZIMMERMÄDCHEN EIN UND HÄLT SEIN FLACKERNDES LEBENSLICHT AUFRECHT. ALLES WAR UMSONST ...

DIE BOTEN LUZIFERS AUF IHREN NÄCHTLICHEN RUNDEN.

DER REGISSEUR PERSÖNLICH BEIM SCHREIBEN DES SOGENANNTEN DIALOGS.

AUF DER REISE BEGINNEN SICH AHNUNGS- UND ORIENTIERUNGSLOSIGKEIT, OPTIMISMUS, DROGEN,
ERINNERUNG AN DIE, DIE UNTERWEGS DRAUFGINGEN UND HELLE ANGST AUSZUBREITEN.
VON LINKS: KARI VÄÄNÄNEN, MARKKU TOIKKA, MATTI PELLONPÄÄ UND PANTSE SYRJÄ.

»MIT BONBONS – SPÄTER MIT ALKOHOL – FAND ICH EINEN HAUFEN FREUNDE ... FREUNDE?«
FRANK PETELIUS AUF DER SUCHE NACH PROFESSIONELLER PSYCHOLOGISCHER HILFE.
IM HINTERGRUND DÖST PAAVO PISKONEN.

ROCKY VI

Rocky VI
1986 • Kurzfilm
9 Minuten • Schwarz-Weiß • 35 mm
Produktion: Villealfa Filmproductions / Aki Kaurismäki • Megamania / Atte Blom
Darsteller: Sakari »Saku« Kuosmanen (Igor) • »Silu« Seppälä (Rocky) • Sakari »Sakke« Järvenpää (Reporter) • Markku »Mato« Valtonen (Rockys Manager) • Anne »Heinäsirkka« Taskinen (Assistentin des Managers) • Jaakko Talaskivi • Matti Pellonpää (Igors Manager) • Tiina Tiikeri
Buch: Sakke Järvenpää • Mato Valtonen • Aki Kaurismäki
Kamera: Timo Salminen
Ton: Jouko Lumme • T.T. Oksala (Musik)
Schnitt: Raija Talvio
Maske: Leena Kouhia
Musik: Sleepy Sleepers / Nicky Tesco

DIE GESCHICHTE

In einem Dorf in Sibirien lebt der Boxer Igor. Igor ist groß, sehr groß – ein Berg von einem Mann. Auf einem Hundeschlitten jagt er über Schnee und Eis, derweil Rocky von der anderen Seite der Welt in einem Jumbo einfliegt. Der Amerikaner Rocky ist eine kleine, schmächtige Gestalt, die auf dem Klo gerne Comics liest. Kurz gesagt: Der hühnerbrüstige Rocky gleicht einem *Fliegengewicht.*

Die beiden Boxer treffen sich für einen Kampf in Helsinki. Im Hotel schwitzt Rocky im Fitnessraum, während sich seine Manager in grauen Anzügen an der Bar vergnügen. Auch Igor ergeht es nicht viel besser. Nicht einmal ein kleines Zipfelchen Wurst kann er sich gönnen, ohne daß ihm die schlemmenden Herren Manager eins auf die Boxhandschuhe geben.

Der große Tag ist da. Igor strotzt vor Energie. Sobald er aus dem Auto steigt, stürzt er sich auf seinen Kontrahenten. Im Ring passiert, was passieren mußte: Igor macht nieder, was ihm unter die Fäuste kommt. Bald hängt Rocky in den Seilen. Nach der vierten Runde spürt er nicht mal mehr den edlen Hut, den sein Manager auf ihn fallen läßt. Eine Runde nach der anderen geht an Igor. Am Ende verläßt Rocky den Ring auf der Bahre mit den Füßen nach vorn. Der Sowjetmensch dagegen hat noch immer nicht genug. Er kühlt sein Mütchen am Schiedsrichter und am Publikum.

Am nächsten Tag fährt Igor, der Unbezwingbare, in einer schweren schwarzen Stretch-Limousine zufrieden Balaleika spielend nach Hause. Und selbstverständlich zieht er die Boxhandschuhe auch dabei nicht aus.

DER FILM

Rocky VI ist das erste Musikvideo, das Aki Kaurismäki mit und für die *Leningrad Cowboys* drehte. In den Hauptrollen der kompakte Musiker Sakari Kuosmanen und der schmächtige Bassist Silu Seppälä. Kaurismäki erzählt in diesem Kurzfilm eine Geschichte, die für einen abendfüllenden Spielfilm gereicht hätte. Ein Spielfilm, der die amerikanischen Kampfmaschine Sylvester Stallone das Fürchten lehren sollte. Denn *Rocky VI* ist Aki Kaurismäkis ganz persönliche kleine Rache an dem erfolgsgewohnten Sylvester Stallone: »Ich habe die Boxer-Filme von Sylvester Stallone so gehaßt – der Mann ist ein Arschloch, daß ich auf die Idee kam, mich zu rächen, und *Rocky VI* drehte.«

DER MANAGER (MATTI PELLONPÄÄ) ÜBERRASCHT IGOR (SAKARI KUOSMANEN) DABEI,
WIE ER AM VORABEND DES KAMPFES EINEN KOHLKOPF ISST. LINKS DIE ÜBRIGEN MITGLIEDER
DER SOWJETDELEGATION (SAKKE JÄRVENPÄÄ UND JAAKKO TALASKIVI). DIESER ACHTMINÜTIGE KURZFILM
IST DIE ERSTE GEMEINSAME ARBEIT DES REGISSEURS MIT DEN LENINGRAD COWBOYS.

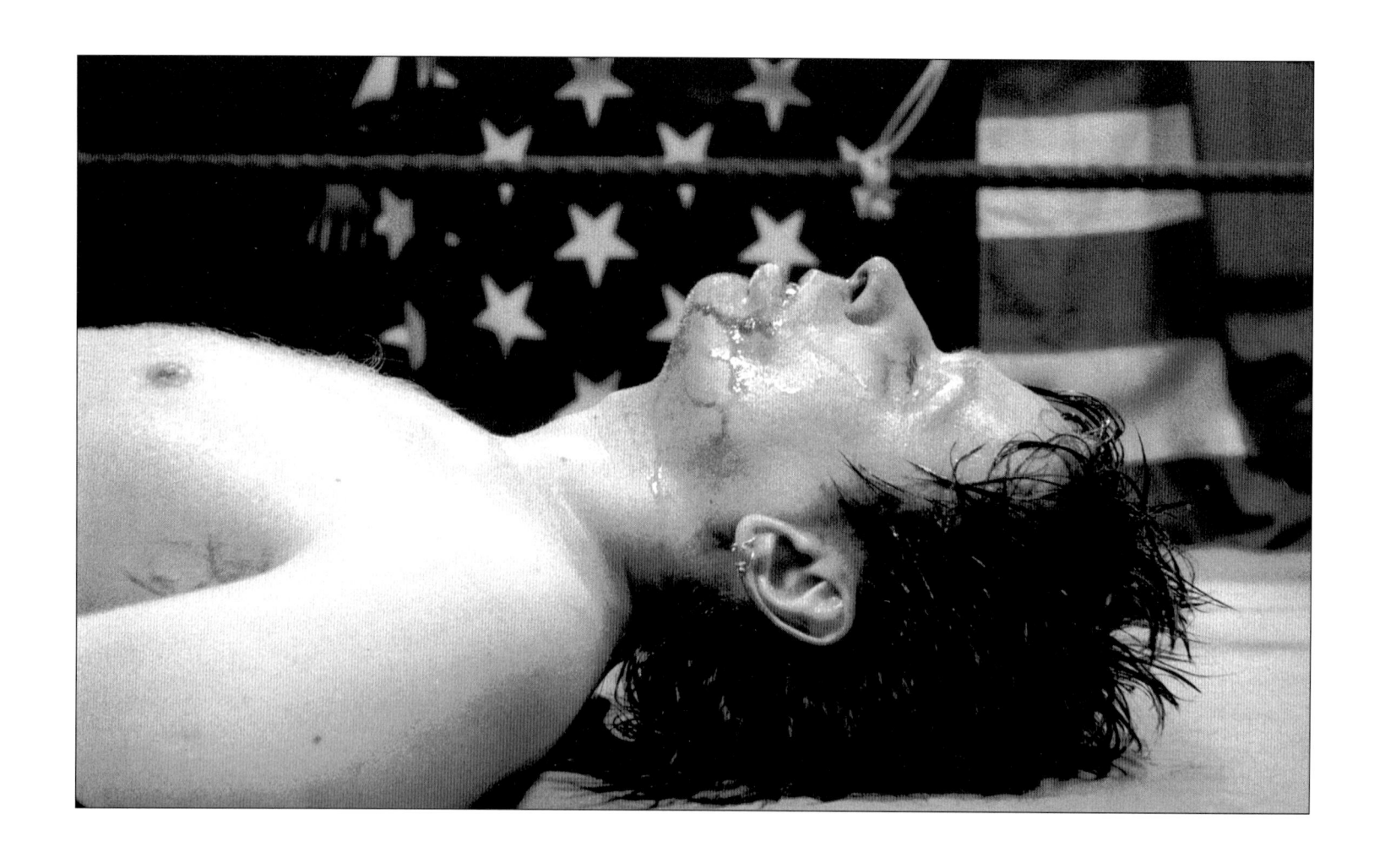

ROCKY (SILU SEPPÄLÄ) TRÄUMT VOM RENTENALTER IM KREISE DER KROKODILE VON PALM BEACH.

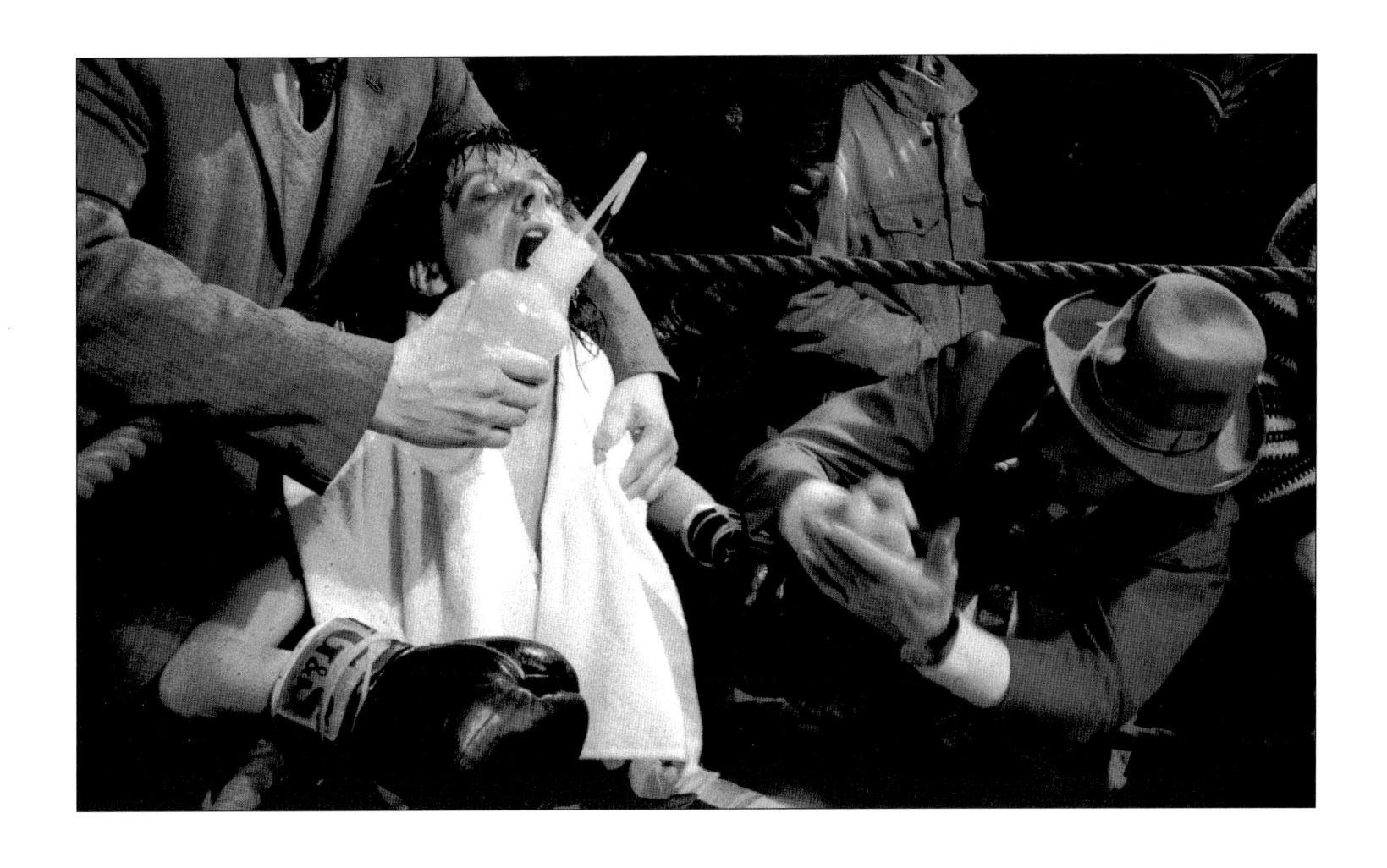

TROTZDEM GIBT ER NICHT AUF.

KLAR IST, DASS SIBIRIENS IGOR DEN DURCH »JUNK FOOD« GESCHWÄCHTEN ROCKY BESIEGEN WIRD.
IGOR IST EINFACH DER GRÖSSERE.

BESIEGT LIEGT ROCKY WIE EIN EINSAMES HÜHNCHEN AUF DER MATTE.
ER, DER DIE GRÖSSTEN HOFFNUNGEN SEINER NATION ENTTÄUSCHT HAT.

SCHATTEN IM PARADIES

Schatten im Paradies
Varjoja paratiisissa
1986 • Spielfilm
76 Minuten • Farbe • 35 mm
Produktion: Villealfa Filmproductions / Mika Kaurismäki
Darsteller: Matti Pellonpää (Nikander) • Kati Outinen (Ilona) • Saku Kuosmanen (Melartin) • Esko Nikkari (Arbeitskollege) • Kylli Köngäs (Freundin) • Pekka Laiho (Geschäftsführer) • Jukka-Pekka Palo (Der dritte Mann) sowie Svante Korkiakoski • Mari Rantasila • Safka • Mato Valtonen • Sakke Järvenpää
Buch: Aki Kaurismäki
Kamera: Timo Salminen
Ton: Jouko Lumme
Schnitt: Raija Talvio
Ausstattung: Pertti Hilkamo
Kostüme: Tuula Hilkamo
Produktionsassistenz: Haije Alanoja
Scriptgirl: Marja-Leena Helin
Regieassistenz: Pauli Pentti
Mischung: Kjell Westman / Film Mixarna
Herstellungsleitung: Jaakko Talaskivi

DIE GESCHICHTE

Stahlgraue Blechtore falten sich auseinander. Weiße-blaue Fahrzeuge werden ausgespuckt, gefahren von Männern in blauen Overalls und mit unbewegten Gesichtern. Nikander ist einer von ihnen. Tag für Tag fährt er mit einem Kumpel in einem riesigen weißen Müllwagen durch die Straßen Helsinkis und sammelt Abfall ein. Am Wochenende lernt er in der Volkshochschule Englisch, kauft ein und brät sich ein Spiegelei. Nikander lebt allein.

Nikanders Kumpel, seit fünfundzwanzig Jahren im Geschäft, will nicht hinterm Lenkrad sterben, wennschon, dann hinterm Schreibtisch. Selbständiger Fuhrunternehmer will er werden und seiner Frau was von der Welt zeigen. Dazu braucht er einen Partner. Nikander schlägt ein: »Ich tu' alles. Ist mir völlig egal, Hauptsache es klappt.«

Bei der nächsten Schicht fällt Nikanders Kumpel einfach um: tot ist er, gestorben mit ihm ist auch der Traum von der Selbständigkeit. Nikander trinkt, bis auch er umfällt. Am nächsten Morgen findet er sich in der Ausnüchterungszelle wieder. Dort sitzt schon der neue Beifahrer: Melartin, der immer für einen Schluck zu haben ist.

Ilona arbeitet an der Kasse in einem Supermarkt, in dem auch Nikander ab und zu einkauft. Als er sich einmal an der Hand verletzt, läßt Ilona die Schlange an ihrer Kasse Schlange sein und verarztet erst einmal in Ruhe Nikanders Hand. Sie treffen sich wieder. Er kauft ein paar Nelken, zieht einen dunklen Anzug an und ein weißes Hemd und führt Ilona aus in einen Bingosalon. Ilona kann sich fürs Bingo nicht erwärmen. Sie will nach Hause. – Ilona: Ich hab' das Gefühl, wir lassen es lieber. – Nikander: Was denn? – Ilona: Na alles. –

Ilona wird entlassen und verliert damit auch ihre Werkswohnung. Weniger die erbarmungslose Lebensmittelbranche macht sie für ihre Kündigung verantwortlich als den Filialleiter persönlich, der unumwunden zugibt, einen Job für seine Tochter zu brauchen. Voller Wut läßt Ilona die Tageskasse mitgehen.

Ilona steht in einer Telefonzelle, da entdeckt sie Nikander mit seinem blauen Auto an der Tankstelle. Nikander leiht sich von Melartin ein frisches Hemd und ein bißchen Geld, das der Freund aus dem Sparschwein seines schlafenden Nachwuchses organisiert. Nikander und Ilona fahren ans Meer. Sie übernachten in einem Hotel in zwei Einzelzimmern und gehen abends schick essen. Ilona: Was willst du eigentlich von mir? – Nikander: Meinst du mich? – Ilona: Ja dich. – Nikander: Willst du vielleicht noch ein bißchen Wein? – Ilona: Sag schon. – Nikander: Ich will nichts von dir. Ich will von keinem was. Ich bin Nikander, früher mal Metzger, heute Müllfahrer. Zähne kaputt und

Magen im Arsch. Und mit der Leber ist auch nicht mehr viel los. Von meinem Kopf will ich überhaupt nicht reden. Also vergiß es. Bringt nichts. – Ilona: War ja bloß 'ne Frage. –

Am nächsten Morgen, als Nikander Ilona mit einem üppigen Frühstück überraschen will, überrascht sie ihn damit, daß sie gerade versucht, eine Stahlkassette aufzubrechen. Nikander besorgt das richtige Werkzeug und verspricht, den Schlamassel wieder in Ordnung zu bringen. Am Strand bei einem Picknick mit Kofferradio kommt es schließlich zum ersten Kuß.

Im Wohnheim wartet bereits die Polizei auf Ilona. Auf der Wache will sie gerade alles zugeben, als das Telefon klingelt: die Kasse ist wieder aufgetaucht. Nikander hat sein Versprechen gehalten. Ilona verschwindet. Sie packt ihre Sachen, sucht vergeblich nach einem Hotelzimmer, hängt in irgendwelchen Kneipen und am Hafen rum. Frühmorgens klingelt sie todmüde bei Nikander.

Ilona wohnt jetzt bei Nikander. Der ist glücklich, und Ilona findet bald einen neuen Job in einem Kaufhaus. Dort fühlt man sich fein, und der Geschäftsführer will Müllmänner und Hunde dort nicht sehen. Auch Ilona strebt nach Höherem. Sie geht nicht mit ins Kino, nicht in die Disko und kommt auch nicht nach Haus. Daheim versteckt sich Nikander hinter einer Sonnenbrille. Er will nichts sehen und nichts hören, keine Erklärungen, keine Ausflüchte, keine Lügen. Ilona packt ihre Sachen und geht.

Nikander verfällt in dumpfes Schweigen und nimmt seine Sonnenbrille nur noch selten ab. Bingohallen und Sprachlabors, in denen absurde englische Dialoge geübt werden – *Sometimes it is funny to be in love* – haben jeglichen Reiz für ihn verloren. Auch die Anschaffung eines neuen Videogerätes hilft ihm nicht. Nur Melartin ist ihm noch geblieben. Manchmal gehen sie einen heben, manchmal spielen sie Karten. Nikander verliert immer. Mit Melartin läßt sich die Welt bereden, so gut das mit Worten eben geht. Nikander: Du hast doch ein Kind. – Melartin: Ja, hab' ich. – Nikander: Wie ist so was? – Melartin: Schon ganz gut. – Nikander: Soll ich dir eine reinhauen? – Melartin: Du? – Nikander: Ja, ich. – Melartin: Nein. – Nikander: Das hab' ich mir fast gedacht. – Melartin: Wieso denn auch? – Nikander: Wieso denn nicht? ... Willst du 'nen Videorecorder? – Melartin: Ich hab' schon einen. – Nikander: Ich kann dir einen verkaufen. – Melartin: Ich brauch' aber nur einen. – Nikander: Kannst du in die Küche stellen. – Melartin: Da ist schon meine Frau drin und die Waschmaschine. – Nikander: Da kann denn deine Frau gucken, wenn sie dir das Essen macht. – Melartin: Sag mal, bist du übergeschnappt, oder was? – Nikander: Wenn du mich meinst, ich glaub' nicht. ... Gehst du heute abend mit einen trinken? – Melartin: Heute abend geht meine Frau weg. – Nikander: Frauen tun das immer ... –

Ilona ist fein geworden, fängt ein Verhältnis mit ihrem Chef an, mit dem sie sich ein besseres Leben verspricht. Sie ist nun sehr beschäftigt, zu beschäftigt, um mit Nikander seine einsame Schwester in der Psychiatrie zu besuchen. Manchmal denkt sie an Nikander, der immerhin nicht so dumm war wie die Männer ihrer Freundin, die schon überfordert sind, wenn sie gleichzeitig gehen und Kaugummi kauen sollen.

Eines Abends geht Ilona mit ihrem neuen Freund in ein Restaurant, das ihr einst mit Nikander verwehrt blieb. Da steht sie plötzlich auf und läßt ihren Begleiter sitzen. Sie geht zu Nikander, in seine Wohnung, für die sie noch einen Schlüssel hat. Nikander ist nicht da. Ilona wartet auf dem Sofa und schläft dabei ein.

Nikander betrinkt sich unterdessen allein in einer verrauchten Männerkneipe. Auf dem Heimweg wird er in einer gottverlassenen Gegend von zwei Halbstarken mit einer Holzlatte niedergeschlagen. Er hat Glück im Unglück, denn er sackt neben zwei Müllcontainern zusammen. Dort finden ihn am nächsten Tag zwei seiner Kumpel. Im Krankenhaus besucht ihn Melartin. Der bringt Nikander auf die Idee, sich bei Ilona zu melden. Nikander packt seine Sachen und flüchtet aus dem Krankenhaus. Auf direktem Wege geht er ins Kaufhaus zu Ilona. Nikander: Ich komm, weil ich dich holen will. – Ilona: Wohin? – Nikander: Hochzeitsreise. Das Leben ist zu hart für dich allein. – Ilona: Vielleicht hast du sogar recht. ... Wird dein Geld reichen? – Nikander: Small potatoes.

Melartin fährt die beiden mit seinem riesigen Müllschlucker zum Hafen. Dort besteigt das Paar einen Touristendampfer nach Tallinn. Vielleicht kommen sie zurück, vielleicht auch nicht. Immerhin, bis zum Abspann ist das Schiff noch nicht untergegangen.

DER FILM

Schatten im Paradies bildet den Auftakt zur berühmt gewordenen proletarischen Trilogie von Aki Kaurismäki. Manchmal hat Aki *Schatten im Paradies* (1986), *Ariel* (1988) und *Das Mädchen aus der Streichholzfabrik* (1989) auch Trilogie der Verlierer aus der Arbeiterklasse genannt. Aki stellt sich auf die Seite derjenigen, die die forsche Industrialisierung Finnlands überrollt hat. Er erzählt von den Menschen, die nichts mehr zu verlieren haben, von deren Aufbegehren und kleinen Fluchten.

Finnland hat eine rasante Entwicklung hinter sich gebracht. Die Finnen sehen es mit der ihnen eigenen leicht ironischen Haltung nicht anders: »Wir sind von den Bäumen in die Hochtechnologie gefallen!« Das Land, das noch vor hundert Jahren ein Agrarstaat war, wie man ihn sich nicht in Nord-, sondern in Osteuropa vorstellte, bewegte sich 1950 wirtschaftlich auf dem Stand eines Entwicklungslandes. Dreißig Jahre später galt Finnland als das Japan des Nordens. Gemessen am Pro-Kopf-Einkommen bewegte es sich im Kreis der zwölf reichsten Länder der Welt.

Im finnischen Film hat sich in den sechziger, siebziger Jahren eine konsequente Schule des sozialen Realismus herausgebildet. Die finnische Gegenwart, Arbeitskämpfe, Probleme sozialer Randgruppen waren die wesentlichen Themen dieser Schule. Auch Aki Kaurismäki steht mit seiner proletarischen Trilogie in dieser Tradition, dennoch dreht er alles andere als Sozialdramen. *Schatten im Paradies* ist vor allem eine Liebesgeschichte und erst in zweiter Linie »Das Tagebuch eines Arbeiters der achtziger Jahre«, das den Alltag von stupider Arbeit und kargem Vergnügen beschreibt. Niemals verrät der Regisseur seine Liebesgeschichte an die Sozialstudie. Niemals auch verrät er die Männerfreundschaft zwischen Nikander und Melartin an die soziale Frage. Kaurismäki beobachtet seine Figuren genau und erzählt mit Bildern, Schauplätzen, Körperhal-

EIN FINNISCHES FILMSTUDIO: TYPISCH, BEI EINER RUNDE BIER. DAS SUMMEN DER KÜHLANLAGEN BILDET DEN SOUNDTRACK FÜR DIE DIALOGE.

tungen, Gesten und Musik das, was seine Helden weder aussprechen noch formulieren könnten.

Matti Pellonpää und Kati Outinen, die in *Schatten im Paradies* das wortkarge Paar Nikander und Ilona spielen, gehören zum festen Ensemble in den Filmen des Aki Kaurismäki. In fast allen Produktionen des Finnen trifft man diese beiden Schauspieler mit dem fliehenden Kinn wieder. Kati Outinen ist Absolventin der Akademie für Schauspielkunst in Helsinki und spielte lange Jahre Theater. Matti Pellonpää arbeitete ursprünglich beim Radio und Fernsehen, bevor er sich in den achtziger Jahren mit den Brüdern Kaurismäki zusammentat. Danach spielte er mal für Aki und mal für Mika. Schließlich war er kaum mehr wegzudenken, wurde gar als Alter Ego von Aki Kaurismäki gesehen, und dann erlag er 1995 plötzlich mit 44 Jahren einem Herzversagen.

Weder Nikander noch Ilona sind große Redner. Die Dialoge transportieren keine großen Wahrheiten, es sei denn die, daß man sich um sich selbst kümmern muß. Emotionen drückt Nikander im Suff aus, in hilflosen Gewalttätigkeiten. Auf den ersten Dialog wartet der Zuschauer zehn Minuten, auf den zweiten noch einmal fünfzehn Minuten. Danach weiß der Zuschauer alles von Nikander, dem wortkargen Müllwerker, der nicht einmal seinen Vornamen preisgibt. Nikander ist Junggeselle und pflegt Kontakte zu seinen Arbeitskollegen. Zwischen Männern ist es einfach, einfacher als mit dem anderen Geschlecht. Männer sind solidarisch auch ohne viele Worte. Wenn Not am Mann ist, springt einer für den anderen ein. Man leiht sich Geld und Leberwurstpastete fürs Mittagsbrot, spielt Karten und besäuft sich auch schon mal. Wenn da nur die Liebe nicht wäre, die eines Tages unverhofft auch den Müllmann Nikander erwischt. Denn Frauen sind anders. Sie streben nach Höherem.

Behutsam, mit langsamen Bildfolgen und Kameraeinstellungen erzählt Aki Kaurismäki schmerzhaft genau von der späten Liebe zwei-

PAULI PENTTI, HEIKKI ORTAMO, TIMO MARKKO, TIMO SALMINEN, AKI KAURISMÄKI UND JUSSI HIRVIKANGAS IRGENDWO AUF DER STRASSE.

er Einsamer, die sich die Liebe ihres Lebens vermutlich einmal ganz anders vorgestellt haben. Am Ende siegt *Sisu*, das *Non plus Ultra* des finnischen Charakters. *Sisu* bezeichnet eine Art zähe Ausdauer, die jedem Problem durch Hartnäckigkeit eine Lösung abringt. Nach langem – unbeholfenem – Schweigen, erwachen sie und handeln dann mit einer Entschlossenheit, die fast überstürzt wirkt. Am Ende wird der kleine Traum eines der Askese verschworenen Mannes wahr. Aki gönnt uns einen »törichten Optimismus der Schlußszene«, den freilich auch der Regisseur »mit seinem bisherigen Erfahrungsschatz« nicht vereinbaren kann. Nikander und Ilona bekommen ihre Chance, weil sie bescheiden sind. Sie wissen, sie werden nur kleine Brötchen backen, sie werden, wie Nikander es ausdrückt, sich nur Small Potatoes, kleine Kartoffeln, leisten können.

Aus wenigen kunstvollen Elementen – »ein paar Küssen, Meereswellen, die an den Strand schlagen, dem entsetzlichen Schlund einer Müllzerkleinerungsmaschine« schuf der Finne einen Film, der nach des Filmemachers eigenem Bekunden »irritierenderweise auf einen poetischen Realismus abzielt«. Poetisch erscheint das unverhoffte Happy-End, aber auch viele der kleinen, verhalten fröhlichen Szenen. Einmal findet Nikander eine alte Schallplatte im Abfall. Er hält sie sich ans Ohr, und aus dem Off erklingt Musik.

Da geht Ilona in ein Hotel.

»Was kostet ein Einzelzimmer«, fragt sie an der Rezeption. – Nachtportier: 300 mit Frühstück. – Ilona: Und ohne? – Nachtportier: Dasselbe. – Ilona: Dann hätte ich gerne eins. – Nachtportier: Geht nicht. – Ilona: Warum? – Nachtportier: Wir sind belegt. – Ilona: Hätten

DREHARBEITEN. IN DIESEM MOMENT SCHWANKT MATTI PELLONPÄÄ ZWISCHEN SEINER ROLLE UND SICH SELBST, WOBEI ER SICH WEDER GANZ FÜR DIE EINE NOCH FÜR DIE ANDERE SEITE ENTSCHEIDEN KANN.

Sie auch gleich sagen können. – Nachtportier: Warum? Und wie in allen Filmen des Finnen retten sich Kaurismäkis Helden in Lakonie.

Es ist Aki Kaurismäki selbst, der hier den Nachtportier spielt, der nur genau die Fragen beantwortet, die ihm gestellt werden. Wie einst Alfred Hitchock läßt sich auch Aki Kaurismäki in vielen seiner eigenen Filme in kleinen Rollen sehen. In *Das Leben der Boheme* wird er Matti Pellonpää alias Rodolfo die Brieftasche klauen und in *I Hired a Contract Killer* Jean-Pierre Léaud eine schwarze Sonnenbrille verkaufen.

Schatten im Paradies ist ein kleiner, ehrlicher Alltagsfilm über Freundschaften unter Männern und über die Liebe zwischen den Geschlechtern. Es ist ein Film ohne Helden, ohne Stars, ohne Idylle, dafür das Leben, wie es eben ist. »Die Bilder stecken mitten in der Realität«, schreibt der deutsche Kritiker Marli Feldvoss, »und doch geht der Blick immer wie ins Leere, in die leeren, abgenutzten Räume, auf den gedeckten, dann nicht heimgesuchten Tisch. Die Zufälle platzen nur so herein, und doch passiert gar nichts Besonderes.« Nicht zuletzt dank dieser wundersamen Beiläufigkeit, mit der vieles passiert, aber nichts wirklich geschieht, wurde *Schatten im Paradies* ausgezeichnet als bester finnischer Film des Jahres 1986. Für seine überzeugende Darstellung des Nikander wurde Matti Pellonpää 1987 der finnische Filmpreis *Humanismin käsi* überreicht. Der amerikanische Kultregisseur Jim Jarmusch drückt es einfach aus: für ihn ist *Schatten im Paradies* »einer der schönsten Filme«, die er »seit Jahren gesehen hat«.

IN DEM SCHWIERIGEN BERUF EINES SCHAUSPIELERS MUSS MAN SICH UNTERSTÜTZUNG HOLEN, WO MAN SIE KRIEGEN KANN. EIN FOTO, RETUSCHIERT IN EINEM CHINESISCHEN LABOR. KATI OUTINEN UND MATTI PELLONPÄÄ.

DER ERSTE KUSS.

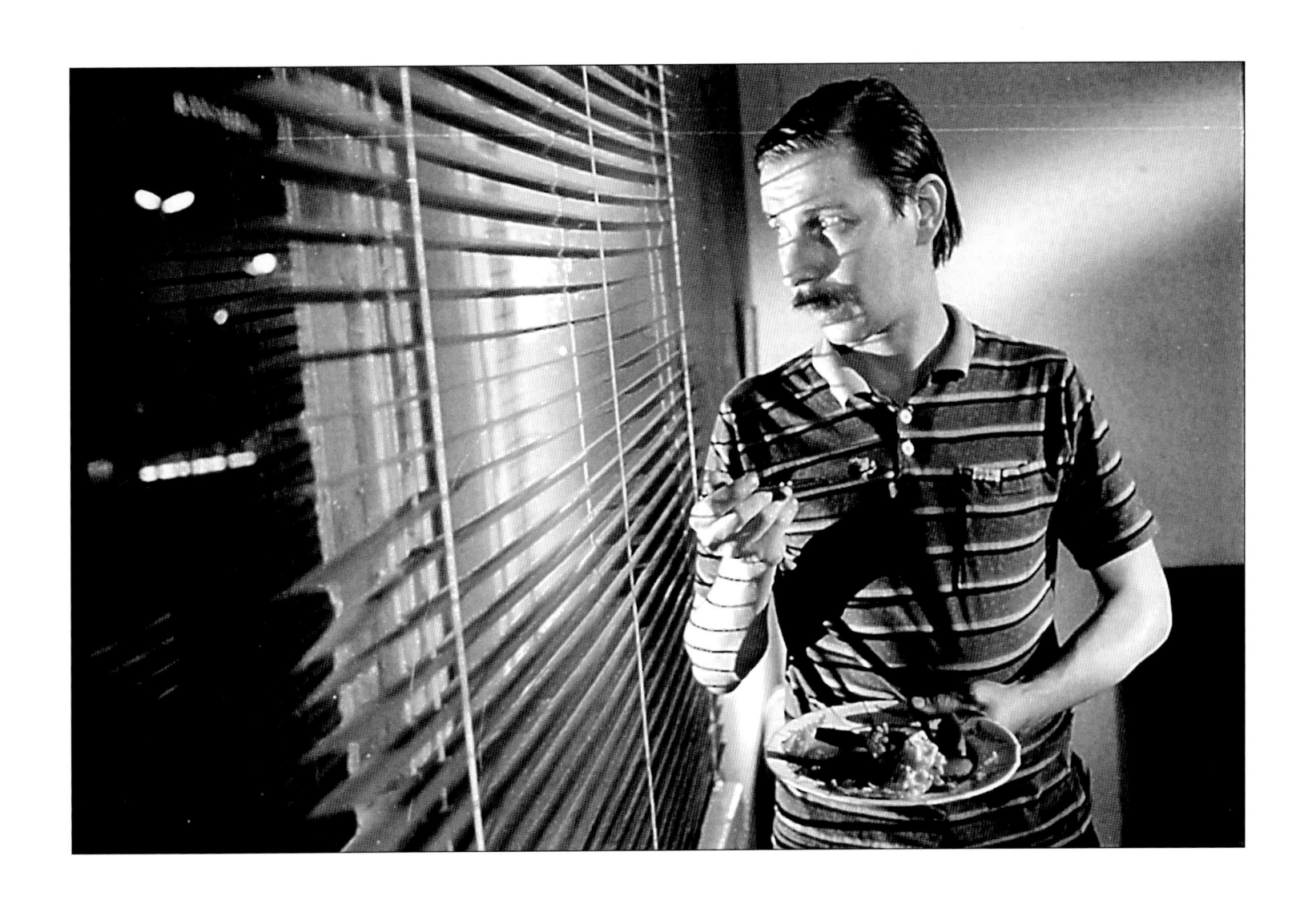

DAS LEBEN SPIELT IMMER IRGENDWO ANDERS.

DAS ERSTE RENDEVOUS ENDET KATASTROPHAL. IM BINGOSALON GEFÄLLT ES ILONA ÜBERHAUPT NICHT.
NACHDEM SICH ILONA VERABSCHIEDET HAT, SCHLEICHT NIKANDER WIE EIN GEPRÜGELTER HUND DURCH DIE STRASSEN.

ILONA WARTET NUR DARAUF, DASS NIKANDER ENDLICH SEINEN MUT ZUSAMMENNIMMT.

HAMLET MACHT GESCHÄFTE

Hamlet macht Geschäfte
Hamlet liikemaailmassa
1987 • Spielfilm
88 Minuten • Schwarz-Weiß • 35 mm
Produktion: Villealfa Filmproductions / Aki Kaurismäki
Darsteller: Pirkka-Pekka Petelius (Hamlet) • Esko Salminen (Klaus) • Kati Outinen (Ophelia) • Elina Salo (Gertrud) • Esko Nikkari (Polonius) • Kari Väänänen (Lauri Polonius) • Hannu Valtonen (Simo) • Mari Rantasila (Helena) • Turo Pajala (Rosencranz) • Aake Kalliala (Guildenstern) • Pentti Auer (Vater/Geist) • Matti Pellonpää (Wache) • Vesa Mäkelä • Vesa Vierikko
Buch: Aki Kaurismäki
Kamera: Timo Salminen
Ton: Veikko Aaltonen • Jouko Lumme
Schnitt: Raija Talvio
Ausstattung: Pertti Hilkamo
Kostüme: Tuula Hilkamo
Locationmanager: Jussi Hirvikangas
Maske: Leena Kouhia
Produktionsassistenz: Haije Alanoja
Scriptgirl: Marja-Leena Helin
Regieassistenz: Pauli Pentti
Mischung: Tom Forsström
Herstellungsleitung: Jaako Talaskivi

DIE GESCHICHTE

Nachts in einem dunklen Haus kippt Klaus, Gertruds Liebhaber, Gift in ein Glas. Da läuft Gertrud, wie jeden Abend, mit einem Schlummertrunk für ihren Mann über den Flur. Klaus verstrickt sie in leidenschaftliche Umarmungen und vertauscht hinter ihrem Rücken die Gläser. Der Coup gelingt: Gertruds Gatte greift zum falschen Glas und sackt vergiftet hinter seinem Schreibtisch in sich zusammen. Hamlet ist es, der ihn findet und die Spuren sorgfältig verwischt.

Aus dem dänischen Königshof ist ein finnischer Industriekonzern geworden, die Tage und die Seelen sind dunkelgrau bis schwarz.

Der Konzernchef ist noch nicht unter der Erde, da schmiedet der Grundstücksverwalter Polonius bereits wieder finstere Pläne. Den halbwüchsigen Haupterben Hamlet, Inhaber von 51 Prozent der Anteile, hofft er mit einem Taschengeld und seiner Tochter Ophelia zufriedenzustellen. Diese hält als brave Tochter ihres Vaters Hamlet kurz, der wie alle Männer nur das Eine, das Unaussprechliche, will, und drängt erpresserisch – wie alle Frauen – aufs Standesamt. Heiratswilliger als der Sohn ist indessen Hamlets Mutter Gertrud. Nach der Ehe mit einem Mann, der ihr soviel »Leidenschaft schenkte wie den Winterreifen seines Autos«, will sie nun mit dem neuen Konzernchef Klaus ihr Glück versuchen. Hamlet mimt den treuen Sohn des Vaters: Wenn du das tust, enterbe ich dich, brüllt er drohend, dabei den Generationenvertrag einen Moment übersehend.

Klaus schmiedet derweil große Pläne: die wenig profitträchtigen Papiermühlen und Fabriken will er schließen und gleichzeitig das Monopol für karibische Kreuzschiffe bei den Schweden gegen das ihre in Sachen Gummienten eintauschen. Hamlet, gar nicht dumm, hört in seinem schäbigen Büro über eine Wanze alles mit, wird jedoch bei seiner Arbeit unterbrochen durch den unverhofften Besuch von zwei Wachmännern. Grußlos kommen sie herein, trinken schweigend ein Gläschen Wodka und eröffnen ihm dann, daß sein verstorbener Vater ihn zu sehen wünsche. Der aschfahle Vater, der, transparent geworden, durch die Chefetage schwebt, klagt über die Höllenglut und fordert Rache für den hinterhältigen Giftmord.

Laertes, der nun Lauri heißt, ist Marketingspezialist. Er wünscht sich von seinem Jugendfreund Hamlet nicht nur ein Büro, das Kunden durch die Tür und nicht nur durchs Klo betreten können, sondern auch, daß er die Finger von seiner Schwester Ophelia läßt. Die ist ihm zu gut für Spielereien; statt dessen hofft er auf einen braven Ehemann an ihrer Seite. Hamlet zeigt sich uneinsichtig, weist ihm die Toilette als neuen Arbeitsplatz zu und setzt den Guten

**HAMLETS MUTTER (ELINA SALO) GERÄT UNTER DEN EINFLUSS DES SCHMIERIGEN KLAUS (ESKO SALMINEN).
VIELLEICHT LIEGT DER GRUND FÜR IHREN EHEBRUCH IN DER GEFÜHLSKÄLTE IHRES MANNES.
DANN HÄTTE ER ES SICH SELBST ZUZUSCHREIBEN, WENN ER IN DER NÄCHSTEN SZENE STERBEN WÜRDE.**

vor die Tür. Auch bei Klaus findet Lauri wenig Unterstützung. Ein wenig Luftveränderung, eine Reise würde Lauri gut tun. Kleiden solle er sich wie ein Gentleman, kein Geld verleihen, dafür Schulden machen, und warten mit der Rückzahlung. Stirbt der Gläubiger, habe er ein gutes Geschäft gemacht. Diese lebensnahen Ratschläge gibt Polonius seinem Sohn Lauri mit auf den Weg nach Stockholm. Polonius würde sich wünschen, daß Lauri seiner Zigarre rauchenden Zwillingsschwester Ophelia ähnlicher wäre, denn Weichlinge – so herzensgut sie auch sein mögen – kommen heutzutage nicht weit. Ophelia aber weiß – auch wenn Hamlet manchmal richtig menschlich dreinschaut –, daß seine Familie zu viel Geld hat, um ihn einer Sekretärin zu überlassen.

Der Aufsichtsrat tagt. Hamlet sitzt, wie so oft zuvor, ein wenig abseits an einem Katzentisch und malt zufrieden Männchen. Die Hände fliegen in die Höhe, als Klaus zur Abstimmung über den Gummientendeal aufruft. Plötzlich erhebt sich Hamlet und vereitelt kraft seiner Aktienmehrheit mit einem deutlichen Nein das Geschäft. Hamlet verfällt alsbald in Melancholie und vergräbt sich nachdenklich in Comics. Ophelia läßt er auf der Straße stehen, da sie sich ihre Unschuld nicht abkaufen läßt, auch mit einer Kugel süßem Eis nicht. Selbst Sport macht Hamlet keine Freude mehr.

Bald darauf macht Hamlet ein Friedensangebot: er lädt Mutter Gertrud mit ihrem frisch angetrauten Klaus ein ins Theater. Gespielt wird *The Importance of Being Earnest* von Oscar Wilde.

Doch ist es nur eine Adaption, die dort geboten wird: plötzlich vergiften zwei Liebende den Ehemann in seinem Arbeitszimmer, und der Scheinwerfer fällt in den Zuschauerraum. Empört verlassen Gertrud und Klaus den Saal.

Hamlet ist wild entschlossen, Klaus den Gang ins Jenseits zu erleichtern. Schon hat er sich mit gezücktem Revolver an sein am Schreibtisch sinnierendes Opfer herangeschlichen, da kommt das Dienstmädchen Helena herein. Die Mutter wünsche Hamlet zu sehen. Folgsam steckt der Sohn die Pistole wieder ein und zieht von dannen. Gertrud bittet um Verständnis und Vergebung. Vergebens, Hamlet reagiert gereizt, ein Geräusch, und schon schießt er, diesmal trifft es nur Polonius, der im Kleiderschrank zum letzten Mal dem Lauf der Dinge lauschen sollte.

Nach dem Mord an ihrem Vater gibt Ophelia Hamlet entrüstet seine Briefe zurück und fordert im Gegenzug ihre Liebesgaben: zwei Rollen Luftschlangen und ein Gummientchen. Nun schulden sie sich nichts mehr, doch Hamlet willigt immer noch nicht in die Ehe ein. Heiratest du mich? fragt Ophelia. – Hamlet: Du bist zu dünn. – Ophelia: Ich kann doch mehr essen. – Hamlet: Es war doch nur eine Ausrede«.

Man beschließt, es sei besser für Hamlet, das Land für eine Weile zu verlassen. Der plötzliche Tod von Polonius könne Nachforschungen nach sich ziehen. Den gedungenen Mördern, die der hinterhältige Klaus Hamlet auf die Fersen hetzt, macht Hamlet schnell ein Garaus. Flugs hat er sie schon über die Schiffsbrüstung ins Meer befördert. Guter Dinge kehrt

Hamlet zurück. Unterdessen ertrinkt Ophelia vor lauter Liebeskummer freiwillig in ihrer Badewanne allein mit einer Gummiente. Lauri kommt heim und schwört Rache für den Vater und die Schwester. Klaus bietet tatkräftig seine Unterstützung an. In mühevoller Kleinarbeit vergiften sie gemeinsam ein Bein eines Brathähnchens, das sie dem gewöhnlich gefräßigen Hamlet in den Magen wünschen. Unglücklicherweise muß das Dienstmädchen Helena mal. Sie stellt den Braten unbeobachtet im Flur ab, und gerade in dem Moment kann Gertrud dem verführerischen Duft nicht widerstehen und stibitzt sich just den falschen Schenkel.

Der Arzt kommt viel zu spät: Lebensmittelvergiftung, da bleibt nur noch, den Totenschein auszustellen. Hamlet rast, erschlägt Lauri mit einem schweren Radio und erschießt den ungeliebten Stiefvater Klaus.

Erschöpft sinkt er am Schreibtisch nieder und schüttet seinem Jugendfreund, dem Chauffeur Simo, sein Herz aus. Er sei es gewesen, der den Vater niederträchtig vergiftete, Klaus habe ihm Gift nur in kleinen Dosen zugeführt, doch dazu habe er, der Sohn, den Langmut nicht gehabt, da habe er mit einer kräftigeren Mischung nachgeholfen ... Und eigentlich sei Klaus ein guter Geschäftsmann gewesen und die Papiermühlen eh marode, den Vertrag mit den Schweden, den würde er jetzt unterschreiben ...

Da zeigt sich Simo als aktiver Gewerkschafter, der die Trümpfe in der Hand hält. Wie gerne würde er das Dienstmädchen Helena heiraten, doch zuvor muß er noch seiner Pflicht als

Arbeitnehmervertreter genügen und den letzten Kapitalisten – Hamlet – ins Jenseits befördern. Ein wenig Gift ins Glas gemischt und schon hilft der sterbende Hamlet, der gerade noch die Werft verkaufen und das Gummientengeschäft seines Vorgängers Klaus auf den Weg bringen wollte, Arbeitsplätze sichern.

Glücklich verlassen Helena und Simo mit einem Hund, wie ihn nur die guten Menschen haben, das Etablissement.

DER FILM

Nachdem Dostojewskis *Schuld und Sühne* bereits sehr eigenwillig von Aki Kaurismäki adaptiert wurde, scheut der Finne auch vor dem seiner Ansicht nach »zweitbesten literarischen Stoff«, nämlich *Hamlet*, nicht zurück. Wer psychologischen Tiefgang mit melancholischen Helden erwartet, wird bitter enttäuscht. Kaurismäkis Hamlet ist kein Unschuldslamm, sein Wahnsinn hat Methode. Auch Ophelia kennt ihre materiellen Werte und hat gelernt, sie einzusetzen. Shakespeares Drama versetzt Kaurismäki in eine kalte, miese, häßliche Männer-Kapitalisten-Welt und inszeniert *Hamlet* als Untergang einer Industriellenfamilie. Von dem Pathos und der Erhabenheit der Shakespeareschen Tragödie bleibt dabei wenig übrig. Dafür verspricht Kaurismäki neben Dramatik »die Wahrheit über das Leben in einer typischen Alles-zum-Verkauf-Gesellschaft«. Er selbst findet übrigens, daß ihm mit *Hamlet* zum ersten Mal ein Happy-End geglückt sei. Denn am Ende seien alle tot und niemand müsse mehr leiden. Deshalb sei der Film im Grunde genommen sentimental, wenn auch auf Kaurismäkis eigene Weise.

Die Schwarzweißbilder und die exzellente Film-Noir-Fotografie des Kameramannes Timo Salminen erinnert an die Atmosphäre der B-Movies aus den vierziger und fünfziger Jahren. Diese Illusion erzeugt Kaurismäki nicht zuletzt durch den Drehort. Es ist das leerstehende Hotel *Fennia* nahe dem Helsinkier Bahnhof mit seinen schmalen Korridoren und den vielen Türen. Als Fassade dient dem Regisseur das Hauptgebäude der alten Technischen Universität. Besonders die erste Viertelstunde seines Films inszeniert Kaurismäki wie einen Kriminalfilm aus längst vergangenen Zeiten mit bizarren Blickwinkeln, beunruhigenden Hell-Dunkel-Kontrasten und dramatischer Musik. Diese Stimmung hält jedoch nicht lange an. Im nächsten Moment schon greift der Held zu seinem Computer oder seinem Diktiergerät. Oder er tritt mit dem Fuß gegen die Musikbox und es erklingt lautstark Rock'n'Roll-Musik.

Als groteskes Detail zieht sich eine unschuldige Gummiente durch den Film. Bei Kaurismäki wird das Quietscheentchen zum Inbegriff der bösen Kapitalisten, die nichts anderes im Sinn haben, als Arbeitsplätze wegzurationalisieren, haben sich auf das Geschäft mit Gummienten kapriziert. Gummienten werden schließlich gebraucht: Sei es als Liebesgabe – man denke an Ophelia (Kati Outinen), die Hamlet eines als Zeichen ihrer ach so wahren Liebe schenkt – oder als nettes Beiwerk in der Badewanne, das auch Ophelia nicht vergißt, bevor sie in derselben ertrinkt.

Das Drehbuch zu *Hamlet macht Geschäfte* will Aki von einer Stunde auf die andere geschrieben haben. Er habe ein kleines Zimmer über dem Set gehabt, in das er nach jeder Szene hochgerannt sei, um die Dialoge für die nächste zu schreiben. Unten liefen unterdessen die Vorbereitungen. Er habe sich mehr oder weniger treu an Shakespeare gehalten, die Dialoge ausgeteilt und die Schauspieler spielen lassen. Bedauernd fügt Kaurismäki hinzu: »Pirkka-Pekka Petelius ist ein Genie: Wenn man ihm einen Text gibt, kann er ihn sofort auswendig und es fällt ihm auch was dazu ein.« Leider habe er sich nach der Zusammenarbeit mit Kaurismäki aufs Geldverdienen verlegt.

Der finnische Komiker Pirkka-Pekka Petelius als Hamlet ist ein Machtmensch mit sentimentalen Anwandlungen. Die Brillantine fettig ins Haar geschmiert agiert Petelius mit mäßig elegantem Zweireiher ekelhaft wunderbar. Dieser moderne Hamlet ist kein Philosoph, kein verträumter Intellektueller, eher ein kalkulierender, skrupelloser Intrigant. In dem Moment, in dem Hamlet die Herrschaft über die Handlung übernimmt, geraten die Dinge, mitgerissen von der Flut der Einfälle, durch die ausgezeichnete Kameraführung und die guten Schauspieler in Bewegung.

Hamlet macht Geschäfte ist eine rabenschwarze Komödie in herrlich groben Schwarzweißbildern. Auf der Berlinale 1988 konnte der Film als finnischer Forumsbeitrag einen Überraschungserfolg für sich verbuchen.

NACHDEM ER SEINEN VATER UMGEBRACHT HAT, QUÄLT HAMLET DER HUNGER.

HAMLET BESUCHT OPHELIA IN IHREM SCHLAFZIMMER UND GEFÄLLT SICH IN GROSSEN GEFÜHLEN.

DIE LIEBESKRANKE OPHELIA GIBT HAMLET SEINE BRIEFE ZURÜCK.

HAMLET ZEIGT NAHEZU UNERSCHÖPFLICHEN EINFALLSREICHTUM, SKRUPEL DAGEGEN UMSO WENIGER,
SEINE UMGEBUNG ZU ENTVÖLKERN. »ER WUCHS OHNE LIEBE AUF UND IST DARÜBER HINAUS ERBLICH BEDINGT KORRUPT.«

IN EINER OFFENSICHTLICH VON CARL THEODOR DREYERS FILM *GERTRUD* BEEINFLUSSTEN SZENE BRINGT POLONIUS (ESKO NIKKARI) SEINER TOCHTER DIE PRAKTISCHEN DINGE DES LEBENS BEI.

BEI SEINER RASEREI BEKOMMEN AUCH UNSCHULDIGE DINGE IHREN TEIL AB.

**LAURI POLONIUS (KARI VÄÄNÄNEN) MUSS ERFAHREN,
DASS IM GESCHÄFTSLEBEN SCHON DIE KLEINSTE DRÜCKEBERGEREI ORDNUNGSGEMÄSS BESTRAFT WIRD.**

DER REGISSEUR, SICH DER ANWESENHEIT DER FOTOGRAFIN WOHL BEWUSST, GIBT VOR, ZU DENKEN.

DIE SITZUNG DES AUFSICHTSRATES, AUF DER DAS KONSORTIUM, DAS EIN VERMÖGEN MIT DER PRODUKTION VON
WAFFEN VERDIENT HAT, BESCHLIESST, SICH ZUKÜNFTIG AUF DIE HERSTELLUNG VON GUMMIENTEN ZU KONZENTRIEREN.
IM VORDERGRUND HAMLET, »DER EIN SÜSSES KIND WAR, DAS NIE WEINTE ... UND AUCH NICHT SPRACH.
ER STAND NUR IN DER ECKE UND STARRTE SELTSAM VOR SICH HIN.«

DIE REINE LIEBE ZWISCHEN SIMO UND HELENA IST DIE POST-AGRARISCHE FILMISCHE ANTWORT AUF DIE TRADITIONELLEN NEBENROLLEN DES DIENSTPERSONALS. ABER IN DIESER GRAUSAMEN WELT KOMMEN NICHT EINMAL DIE BEIDEN UNGESCHOREN DAVON. HANNU VALTONEN UND MARI RANTASILA.

**ALS HAMLET EINE THEATERAUFFÜHRUNG INSZENIERT,
SPITZEN SICH DIE WECHSELSEITIGEN BETRÜGEREIEN ZUR OFFENEN KONFRONTATION ZU.**

HAMLET HÄLT EIN NICKERCHEN AUF DEM GRAB SEINER MUTTER.
MIT DER MENSCHHEIT VERBINDET IHN NICHTS MEHR.

THRU THE WIRE

Thru the Wire
1987 • Kurzfilm
6 Minuten • Schwarz-Weiß • 35 mm.
Produktion: Villealfa Filmproductions / Aki Kaurismäki • Megamania / Atte Blom
Darsteller: Nicky Tesco • Marja-Leena Helin • Mato Valtonen • Sakke Järvenpää • Silu Seppälä • Sakari Kuosmanen
Buch: Aki Kaurismäki
Kamera: Timo Salminen
Ton: Jouko Lumme
Schnitt: Raija Talvio
Musik: Silu Seppälä / Nicky Tesco

DIE GESCHICHTE

Irgendwo zwischen Alabama und Utah gelingt einem Sträfling die Flucht aus dem Knast. Er hat Glück und findet in einer Mülltonne einen Trench, den er über seine gestreifte Anstaltskleidung zieht.

In der Freiheit eines schäbigen Hotelzimmers träumt er von seiner blonden Süßen. Mehr als träumen kann er nicht, denn das Telefonkabel ist durchgeschnitten, und was er nur ahnt, der Zuschauer aber weiß: seine Verfolger sind ihm dicht auf den Fersen.

Unser Held klappert die Bars nach seiner Süßen ab, und die Polizei rückt näher und näher. Schon hat sie sein Hotelzimmer ausfindig gemacht und im nächsten Moment auch die Bar. Der Held flüchtet durch die Küche und wird von seinen Verfolgern angeschossen. Er schleppt sich auf den Hof, und dort wartet in einem weißen Chrysler – wie könnte es anders sein – sie, sein blondes Gift. Glücklich vereint begießen die beiden ihr Beisammensein und die gelungene Flucht mit Cola aus Zwei-Liter-Plastikflaschen. Unser Held strahlt wie ein Honigkuchenpferd.

DER FILM

Thru the Wire ist ein Titel der *Leningrad Cowboys.* Laut Mato Valtonen erzählt er von der Flucht aus einem Waisenhaus in Nizhni-Novgorod. Kaurismäki hielt sich an den Text und improvisierte. Aus dem Waisenhaus wurde ein Knast, aus Nizhni-Novgorod ein Ort zwischen Alabama und Utah. Nach Bekunden des Regisseurs ist *Thru the Wire* »ein äußerst postmoderner Film, der postmodernste, den ich je gedreht habe.« Wahrlich, Aki Kaurismäki ist kein Anhänger einer wie auch immer gearteten Postmoderne. Und so beeilt er sich zu sagen: »Ich hab' gedacht, o.k., jetzt zeigen wir mal, daß wir diesen Video-Scheiß auch machen können.«

LINKS: REGIEANWEISUNGEN FÜR EINEN SCHAUSPIELER. PIMME KORHONEN UND AKI KAURISMÄKI.
OBEN: SAKKE JÄRVENPÄÄ UND MATO VALTONEN, HARD-BOILED.

L.A. WOMAN

DER VIERMINÜTIGE KONZERTMITSCHNITT ZEIGT DIE METAMORPHOSE DER BAND *SLEEPY SLEEPERS*.
DIE PATHETISCHEN HAARTOLLEN SEHEN AUS WIE KARTOFFELN AUF EINEM KOMPOSTHAUFEN.

WIE DEM AUCH SEI, SIE ERBLÜHEN ZU WUNDERSCHÖNEN BLUMEN –
DEN *LENINGRAD COWBOYS.*

ARIEL

Ariel
1988 • Spielfilm
73 Minuten • Farbe • 35 mm
Produktion: Villealfa Filmproductions / Aki Kaurismäki
Darsteller: Turo Pajala (Taisto Kasurinen) • Susanna Haavisto (Irmeli) • Matti Pellonpää (Mikkonen) • Eetu Hilkamo (Riku) • Erkki Pajala (Bergarbeiter) • Matti Jaaranen • Hannu Viholainen • Jorma Markkula • Tarja Keinänen • Eino Kuusela • Kauko Laalo • Jyrki Olsonen • Esko Nikkari
Buch: Aki Kaurismäki
Kamera: Timo Salminen
Ton: Jouko Lumme
Schnitt: Raija Talvio
Ausstattung: Risto Karhula
Bauten: Heikki Ukkonen
Kostüme: Tuula Hilkamo
Produktionsassistenz: Haije Alanoja
Scipt, Standfotos: Marja-Leena Helin
Regieassistenz: Pauli Pentti
Mischung: Kjell Westman / Film Mixarna
Herstellungsleitung: Jaako Talaskivi

DIE GESCHICHTE

Die Zeche in Salla Lappland wird gesprengt. Sinnlos ist es nun zu bleiben, man kann nur noch Däumchen drehen oder in die Ecken pinkeln, oder aber man säuft sich allmählich zu Tode, weil einem alles zum Halse heraushängt, kommentiert ein Kumpel, der schon lange genug hat. Er erschießt sich auf der Männertoilette der Werkskantine und hinterläßt dem jungen Bergmann Taisto Kasurinen ein Auto. Taisto findet in einem morschen Schuppen den Chrom gewordenen Traum eines Proletenlebens, ein schneeweißes Cabriolet mit roten Ledersitzen. Der Schlüsselanhänger ist eine Spieluhr: Sie spielt die *Internationale.* Taisto fährt nach Helsinki. Es schneit. Taisto weiß nicht, wie man das Verdeck schließt, und kriegt es auch nicht raus. So bindet er sich notgedrungen seinen karierten Wollschal um den Kopf und fährt mit offenem Dach in seinem schicken weißen Schlitten durch die menschenleere Winterlandschaft. Bis Helsinki ist es noch weit.

Bei der ersten Rast an einem Imbiß wärmt sich Taisto mit einem Hamburger wenigstens den Magen. Prompt wird er von zwei üblen Gestalten zusammengeschlagen und um seine gesamten Ersparnisse gebracht.

Am Hafen reiht er sich ein in die Schlange derjenigen, die auf einen Hilfsarbeiterjob warten. Er wird für einen Tag angeheuert, bekommt ein wenig Geld auf die Hand und eine warme Jacke von einem Kerl, der am Tag zuvor unter den Gabelstapler geriet. Freunde für einen Tag findet er auch: Mit der gesammelten Mannschaft der Gestrandeten auf der Rückbank fährt er im Cadillac bei einem christlichen Nachtasyl vor. Abends schmiert er sich Zahncreme ins Haar, auf daß ein echter Rocker aus ihm werde, und besäuft sich, bis er einschläft.

Eines schönen Tages lernt er die Politesse Irmeli kennen. Sie will ihm ein Knöllchen verpassen, er erhebt Einspruch. Daraufhin quittiert sie kurzerhand den Dienst, schmeißt ihr Käppchen unter die Räder eines vorbeifahrenden Wagens und steigt zu Taisto ins Auto. Sie gehen essen in eine billige Kantine und anschließend zu ihr auf einen Kaffee.

Irmeli: Ich bin geschieden. – Taisto: So was soll vorkommen. – Irmeli: Ein Kind hab' ich auch. – Taisto: Um so besser. Dann sind wir ja fast schon so was wie 'ne Familie. – Irmeli: Sind Sie Ihrer Sache immer so sicher? – Taisto: Nein, es geht mir zum ersten Mal so.

Bei der Zigarette danach stellen sie sich vor.

Irmeli: Wirst du morgen für immer verschwinden? – Taisto: Nein, wir bleiben für immer zusammen. – Irmeli: Einverstanden, aber ich muß morgen früh raus.

Irmeli arbeitet für vier. Im Krankenhaus, als Politesse, im Schlachthof und danach als Nachtwächterin rackert sie sich ab, um die Raten für die Möbel abzustottern. Mit etwas Glück hat sie es in zwei Jahren geschafft.

Keine harmlose Fliege im Gesicht, sondern ein Revolver ist es, der Taisto am nächsten Morgen weckt. Der Revolver ist kaputt und gehört dem siebenjährigen Riku. Riku hat den Kaffee schon gekocht. Er selbst braucht zum Frühstück nicht mehr als Limo und Comics.

Taisto begibt sich auf Jobsuche. Die Ausbeute ist gleich Null. Am Sonntag das kleine Glück. Die frischgebackene Familie am Meer. Riku liest Comics, wie üblich. Taisto und Irmeli liegen mit geschlossenen Augen in einer winzigen steinigen Bucht, die so klein ist, daß Taistos Cowboystiefel naß werden. Mit offenen Augen hätten sie einen Blick auf eine graue Industrielandschaft.

Der Hafenmeister wird verhaftet, jetzt gibt's auch am Hafen keine Arbeit mehr. Aus dem Männerwohnheim fliegt Taisto raus: nicht einmal eine Matratze ohne Bettzeug kann er sich mehr leisten. Der Cadillac ist dran. Er hofft auf zwanzigtausend Finnmark, geboten werden ihm sechseinhalb. In seiner Not geht Taisto auf den Handel ein und erst einmal etwas trinken. Da sieht er zufällig den Burschen, der ihn einst an der Raststätte um seine Ersparnisse brachte. Er rennt ihm hinterher, nimmt ihm sein Messer ab und will abrechnen. Am Ende kassiert er keinen Pfennig, aber für Körperverletzung und unerlaubten Besitz einer Stichwaffe ein Jahr und elf Monate Knast. Immerhin hat er jetzt Arbeit, und eine sichere dazu. Taisto macht Irmeli einen Heiratsantrag.

Taistos Zellengenosse ist der Dauerinsasse Mikkonen. Mikkonen schmiedet Fluchtpläne, Tag und Nacht, bis ihm der Gefängnisarzt allabendlich ein Beruhigungsmittel bringt und er von einer Sekunde auf die nächste in den Schlaf der Bewußtlosen fällt. Mikkonen hat einen totgeschlagen, aber vor Gott – der sei sein Zeuge – ist er unschuldig. Er rechnet und rechnet, die neuen Pässe, die Überfahrt ins Ausland – nach Mexiko oder vielleicht nach Afrika – das kostet. Mikkonen kennt sich aus.

Der große Taisto ist zur Flucht entschlossen, und der kleine Riku hat eine großartige Idee. Irmeli backt einen Kuchen und schickt ein Buch. Darin verborgen die ersehnte Feile … Mit der Feile sägt Taisto ein Stück aus seinem Stahlrohrbett heraus und hat nun eine Waffe. Mikkonen täuscht einen Selbstmord vor, Taisto überwältigt einen Wärter, und der Ausbruch gelingt.

Taisto organisiert sich seinen alten Wagen zurück und heiratet Irmeli. Trauzeuge ist selbstverständlich der treue Mikkonen. Taistos und Irmelis Hochzeitsnacht wird durch die Ankunft der Polizei leider in ihrer ganzen Länge vereitelt. Taisto flieht durchs Schlafzimmerfenster in die Unterwelt.

Dort sind die Herren Paßfälscher so freundlich, gleich die richtigen Accessoires mitzuliefern, die man für einen ordentlichen Überfall benötigt. Diese Freundlichkeit möchten sie mit 50% des zu erwartenden Ertrages vergolten wissen. Der Überfall gelingt mit Mühe. Unangenehm, daß die betreffenden Geldinstitute keine größeren Tüten für derartige Gelegenheiten bereithalten, damit einem die Scheine nicht so aus den bloßen Händen fliegen. Unangenehm auch, daß der Rückwärtsgang des Leihwagens eine Macke hat und die Herren Paßfälscher sich dafür nicht recht zuständig fühlen. Trotzdem geht alles noch einmal glimpflich über die Bühne.

Mikkonen ist mißtrauisch und geht allein in die Fälscherwerkstatt. Und tatsächlich, man einigt sich nur schwer. Das Messer in Mikkonens Magengegend scheint bereits das ausschlaggebende Argument gewesen zu sein, da eröffnet Taisto mit gezücktem Revolver die nächste Runde. Kurze Zeit später sind unter der Sonne zwei tote Ganoven mehr zu beklagen.

Mit Irmelis Hilfe lädt Taisto den schwerverletzten Freund in den Cadillac. In der kurzen Zeit, die ihm noch bleibt, gibt Mikkonen dem Paar noch alles Notwendige mit auf den Weg: Den Namen des Fluchtschiffes – Ariel –, den Platz, wo sie sein Herz verscharren sollen – die Müllkippe – und nicht zuletzt die Gebrauchsanleitung für das Verdeck. Zufällig findet der Freund den Knopf, um das Autodach zu schließen. Endlich ist der Caddi auch im Winter zu gebrauchen.

Irmeli und Taisto tun, wie ihnen von ihrem besten Freund gesagt wurde, und betreten mit Riku eine Barkasse, die sie zu *Ariel*, dem Frachtschiff nach Mexiko, bringen soll. Aus dem Off erklingt dazu auf finnisch hoffnungsfroh: *Somewhere over the rainbow …*

DER FILM

Bei der Premiere von *Ariel* im Oktober 1988 in Helsinki widmete der Regisseur seinen Film »der Erinnerung an die finnische Realität« – ein typischer Kaurismäki-Ausspruch, der so knapp wie einprägsam Thema und poetische Qualität des Films auf den Punkt bringt.

Es ist das Finnland der siebziger Jahre, das Kaurismäki in seinem Film zeigt, eine Zeit, in der der Regisseur sich selbst zu den Verlierern in der Gesellschaft zählte. Damals schlug auch er sich mit Gelegenheitsjobs durchs Leben. Auch wenn man in *Ariel* keine versteckte Kaurismäki-Autobiographie sehen will, ist spürbar, wie gut der Filmemacher seine Figuren und ihr Milieu kennt und wie sehr er mit ihnen sympathisiert. Dabei sind Kaurismäkis Helden weder schön noch reich und auch nicht sonderlich intelligent. Und doch mag man sie, weil sie störrisch auf sich selbst beharren und sich den Umständen trotzig widersetzen. Der deutsche Filmkritiker Andreas Kilb vergleicht *Ariel* mit einer pantomimischen Nummer: »Ein Mann bekommt einen Tritt in die Magengrube, rappelt sich wieder auf, geht ein paar Schritte, da trifft ihn der nächste Tiefschlag, er taumelt, sucht nach einem Halt, wird erneut getroffen, geht zu Boden und kriecht endlich auf allen Vieren aus dem Raum. Aber anders als in Pantomimen sind in *Ariel* die Gegner und die Schauplätze nicht unsichtbar, sondern real, die Faust fährt dumpf in den Magen, den Gestank im Schlafsaal der Heilsarmee kann man fast riechen.«

In Kaurismäki sind Phantast und Realist ein wunderbares Bündnis eingegangen. Der zweite Teil seiner proletarischen Trilogie *Ariel* ist gleichzeitig so realistisch wie ein Dokumentarfilm über Helsinki und so märchenhaft wie ein Melodrama aus der Stummfilmzeit. Dabei spielt der Finne mit den bekannten Genres der Filmgeschichte, die die Sehgewohnheiten der Zuschauer so sehr geprägt haben. *Ariel* beginnt wie ein Arbeiterfilm, aber noch ehe die vielleicht alles entscheidende politische Message gefallen ist, hat sich der Held Taisto schon mit seinem Cadillac in ein Road-Movie geflüchtet. Doch auch auf der Straße bleibt unser Held nicht, ihn zieht es zur Frau. Und gerade als die ersten Bande zum anderen Geschlecht geknüpft sind, findet sich Taisto in einem Kriminalfilm wieder. Dabei muß die Kamera oft draußen bleiben: Weder ist sie beim Banküberfall vor Ort, mit dem Kaurismäki Robert Bressons Überfall in *L'argent* eine Referenz erweist, noch ist sie in der Hochzeitsnacht erwünscht. Wie dem altklugen Riku wird auch dem Kameramann die Tür vor der Linse zugeschlagen, wenn Taisto und Irmeli mal allein sein wollen.

Kaum zu glauben ist dem belesenen Kaurismäki allerdings seine Behauptung, er habe Shakespeares Luftgeist Ariel nicht gekannt, als er seinen Film drehte. Vermutlich ist es mehr

DIE KLEINFAMILIE VERLÄSST IHR KARGES VATERLAND.

der ungebändigten Lust des Finnen am Geschichtenerzählen zu verdanken, wenn er sagt: »Ich besaß ein englisches Motorrad, und während ich das reparierte, dachte ich über einen Titel für meinen Film nach. Mein Blick blieb an dem Schriftzug hängen, der auf dem Tank stand: Ariel. Ich habe dann den Film einfach nach dem Motorrad benannt, und am Ende habe ich dem Schiff, mit dem die Familie flieht, den Namen gegeben. Ich brauchte ja einen Grund für den Titel.«

Der finnische Schauspieler Turo Pajala, der schon in Kaurismäkis Shakespeare-Adaption *Hamlet goes Business* in einer Nebenrolle zu sehen war, spielt hier seine erste Hauptrolle. Für seine Darstellung des eher schüchternen Taisto Kasurinen, dessen lakonischen Aussprüche von aphoristischer Prägnanz sind, wurde Turo Pajala 1989 in Moskau mit dem Preis als bester männlicher Hauptdarsteller geehrt.

War die Frau in dem filmischen Vorläufer von *Ariel*, *Schatten im Paradies,* noch ein rätselhaftes launisches Wesen, so ist Irmeli, dargestellt von Susanna Haavisto, so fair und treu, wie es bis dahin nur die Männer sein konnten. Es ist auch das erste Mal, daß bei Kaurismäki ein Kind eine Rolle spielt. Die Suche nach dem Glück zielt nun auf die Familie und nicht auf das Paar. Dennoch hat sich diese Familie eher zufällig gefunden als umständlich gesucht.

Ariel ist voller Motive, die im Werk Kaurismäkis immer wiederkehren werden. Da ist diese Liebe zu alten, amerikanischen Autos, die nicht so recht in die finnische Gegenwart zu passen scheinen, die Taisto mit fast allen männlichen Helden aus der Welt der Kaurismäki-Filme verbindet. Das Auto ist so etwas wie eine Lebensversicherung. Nur ist der Scheck, im Fall der Fälle, nicht gedeckt. Niemals bekommen die Besitzer für ihre geliebten Schlitten so viel Geld, wie sie dafür verdienten. Übrigens, auch die Privatperson Kaurismäki ist ein Autonarr, der zeitweise vier Cadillacs, ein Pick-up-Truck, mehrere Wolgas und zwei Ladas sein eigen nannte.

Und nicht nur Taisto muß erleben, wie ein unvermuteter Schlag in den Magen oder auf den Hinterkopf sein Leben verändert. Nikander in *Schatten im Paradies* erfuhr es vor ihm, und Lauri in *Wolken ziehen vorüber* steht der Schmerz noch bevor.

Die Rettung ist wie in allen Filmen die Musik, das Kofferradio ist Taistos ewiger Begleiter, und am Ende, als die Flucht aus dem Elend, aus Helsinki, gelungen scheint, singt der König des finnischen Tango Olavi Virta *Somewhere over the rainbow is a place...*

Und daß der Platz zum Glücklichwerden nicht Finnland selbst sein kann, daran läßt Aki Kaurismäki in seiner *proletarischen Trilogie* zum Leidwesen der einheimischen Tourismusindustrie nicht den leisesten Zweifel.

DER FROST BEHINDERT DIE ARBEIT. AUF DER RÜCKBANK DER KAMERAMANN TIMO SALMINEN, AKI KAURISMÄKI UND TONINGENIEUR JOUKO LUMME.

»LASS UNS HEIRATEN UND EINE FAMILIE GRÜNDEN.« – »ABER ICH HABE SCHON EIN KIND...« – »UMSO BESSER, SO SPAREN WIR ZEIT.«
DIE BEZIEHUNG ZWISCHEN IRMELI (SUSANNA HAAVISTO) UND TAISTO (TURO PAJALA) LÄSST SICH DYNAMISCH AN.
DIALOGPROBE HINTER EINEM SCHLACHTHOF.

KASURINEN SCHAUT HINTER SICH: DORT IST NIEMAND.

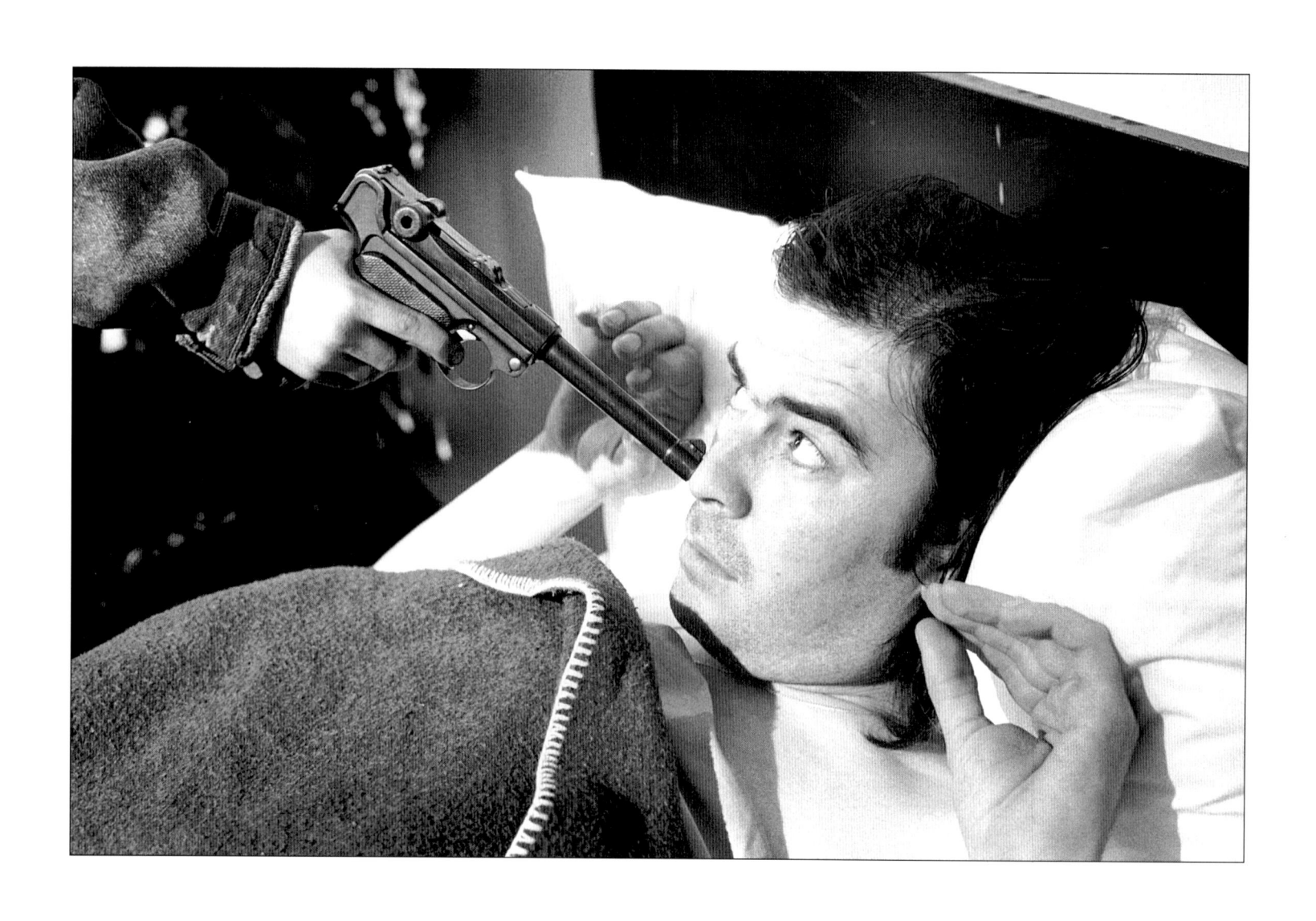

EETU ENTDECKT IM BETT SEINER MUTTER EINEN FREMDEN HÄSSLICHEN MANN.

DAS KIND (EETU HILKAMO) IST GESPANNT AUF DIE VON SEINEM STIEFVATER ORGANISIERTE SEEREISE NACH MEXIKO.

EINE BILLIGE ABSTEIGE IN HELSINKI.

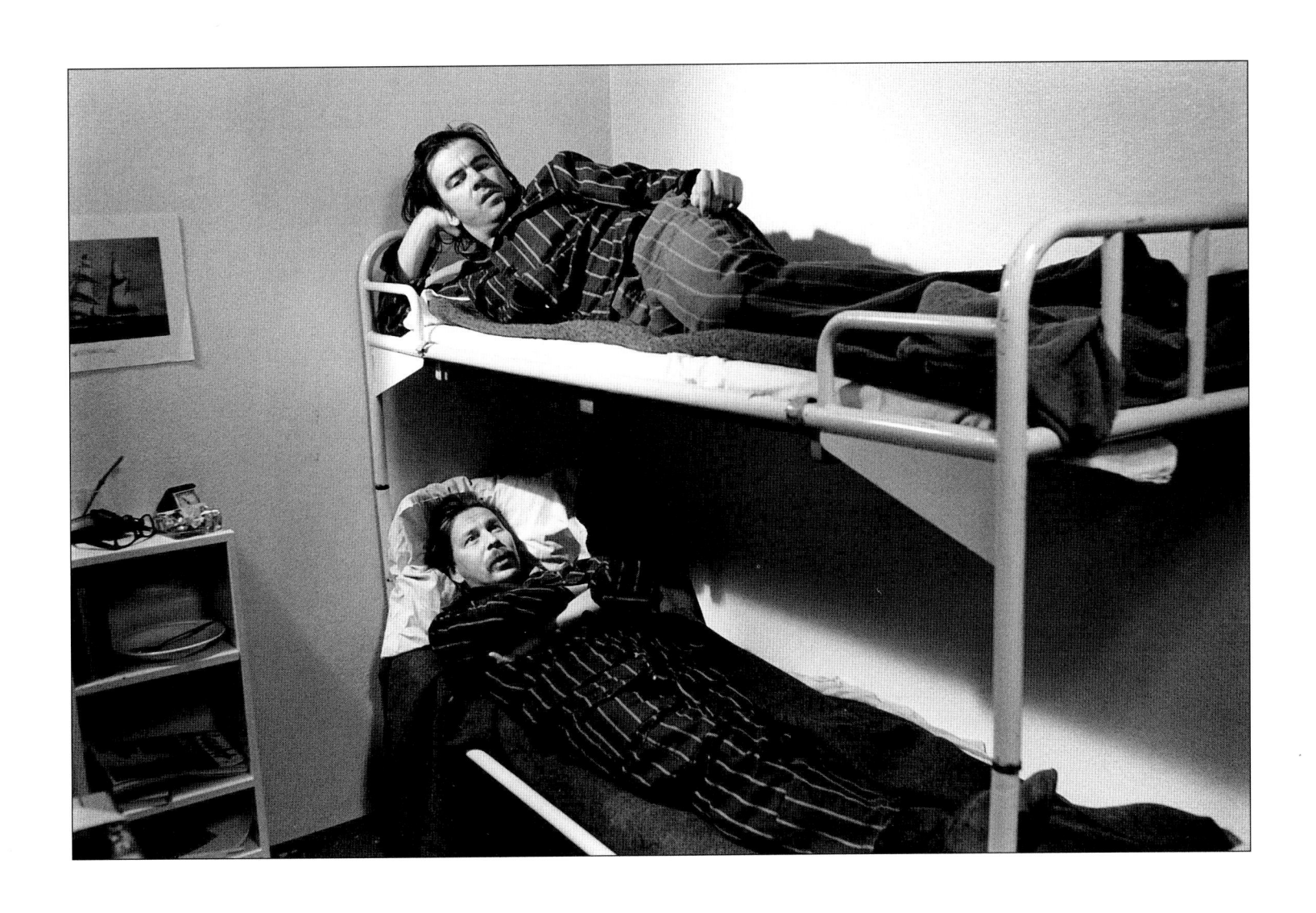

EIN GERECHTER MORD BRINGT TAISTO INS GEFÄNGNIS. MIKKONEN (MATTI PELLONPÄÄ),
TAISTOS ZELLENGENOSSE VON DER UNTEREN PRITSCHE, LEGT DEN FLUCHTPLAN ZURECHT.
IM ZENTRALGEFÄNGNIS VON HELSINKI.

»DAS SCHIFF HEISST ARIEL.« NACH DER LETZTEN AUFNAHME HERRSCHT OFT EINEN MOMENT LANG SCHWEIGEN. DANN WERDEN DIE SACHEN ZUSAMMENGEPACKT UND ALLE GEHEN IHRES WEGES. MAN ZERSTREUT SICH WIE SPREU IM WIND. AKI KAURISMÄKI, TIMO SALMINEN UND HEIKKI ORTAMO (MIT DEM RÜCKEN ZUR KAMERA)

PICKNICK AUF DEM LAND. IM HINTERGRUND EETU HILKAMO.

LENINGRAD COWBOYS GO AMERICA

Leningrad Cowboys go America
1989 • Spielfilm
78 Minuten • Farbe • 35 mm
Produktion: Villealfa Filmproductions / Aki Kaurismäki, in Zusammenarbeit mit Swedish Film Institute / Klas Olofsson / Katinka Farago
Darsteller: Matti Pellonpää (Vladimir) • Kari Väänänen (Dorftrottel Igor) • Sakke Järvenpää • Heikki Keskinen • Pimme Korhonen • Sakari Kuosmanen • Puka Oinonen • Silu Seppälä • Mauri Sumén • Mato Valtonen • Pekka Virtanen (Die Leningrad Cowboys) • Nicky Tesco (Verschollener Vetter) • Olli Tuominen (Sibirischer Impresario) • Kari Laine (Sibirischer Chauffeur) • Jatimatic Ohlström (Vater der Cowboys) • Richard Boes (Rockpromotor) • Jim Jarmusch (Autohändler in New York) • George M. Kunkle (Banjospieler) • William W. Robertson (Friseur) • Frank Johnson (Autohändler Houston) Rock • Terry • Speed Carlton (Motordiebe) • José G. Salas (Mexikanischer Sänger) • Laika (Hund)
Buch: Aki Kaurismäki
Story: Sakke Järvenpää • Aki Kaurismäki • Mato Valtonen
Kamera: Timo Salminen
Kamerassistenz: Heikki Ortamo • Timo Markko
Ton: Jouko Lumme
Schnitt: Raija Talvio
Schnittassistenz: Outi Hyytinen
Musik: Mauri Sumén
Herstellungsleitung Finnland: Jaakko Talaskivi
Herstellungsleitung USA: Lisa Block-Linson • Phil Linson
Ausstattung: Heikki Ukkonen • Kari Laine
Maske, Kostüme: Tanja Tolonen
Regieassistenz: Pauli Pentii
Ausführender Produzent: Klaus Heydemann
Produktionsassistenz: Dale Ashmun • Ken Schmalz (New Orleans)
Musik: *Desconocido* von Desconocido, *Ballad of Leningrad Cowboys* von Mark Smith and Nick Tesco, Arrangement J. Allom, M. Smith, Nick Tesco; *Tequila* von Chuck Rio; *Chasing the Light* von Pekka Virtanen and Nick Tesco, Arangement: Kuomanen und Sumén; *Thru the Wire* von Silu Seppälä, Pekka Virtanen und Nick Tesco, *L.A. Woman* von Jim Morrison Arrangement von Nick Tesco und Pekka Virtanen; *Cossak Song, Säkkijärven Polka, Rock'n'Roll is here to stay*, sowie *That's all right* von Crudup, *Born to be wild* von Bonfire; *Kuka Mitä Häh*.

DIE GESCHICHTE

Irgendwo in den Weiten der endlosen russischen Tundra haust die schlechteste Rock'n' Roll-Band der Welt. Perfekt gestylt mit überdimensionierten Haartollen und den schnäbligsten Schnabelschuhe aller Zeiten fehlt ihnen nur eins: Das Publikum. Der Bassist hat zu lange im Schnee geprobt und ist eingefroren. Doch auch er wird nicht vergessen, als der geschäftstüchtige Manager Vladimir die Worte eines verzweifelten Funktionärs zu ernst nimmt und mit der Band nach Amerika aufbricht: Dort fressen sie schließlich jeden Mist. In einem Sarg mit vier Löchern, eins für die Baßgitarre, zwei für die spitzen Schuhe und eins für die Haartolle, begleitet der Bassist die Band auf ihrer ungewöhnlichen Tournee.

Bereits im Flugzeug heißt es, Manager Vladimir zu gehorchen und fleißig englische Vokabeln zu lernen. Schließlich haben nur englischsprechende Bands in Amerika eine Chance. Als blinder Passagier, ein Gepäckstück mimend, fliegt auch der stumme Dorftrottel Igor mit in die Neue Welt. Insgeheim hofft dieser, daß aus seinem kahlgeschorenen Schädel eines Tages eine stattliche Haartolle wachsen möge und sich seine nackten Füße eines Morgens in spitzen Schuhen wiederfinden.

Die Jungs sind daran gewöhnt, russische Männerchorlieder vorzutragen, und die finnische Säkkijärvi-Polka ist ihr Hit. In New York reicht das gerade mal für einen Schlafplatz auf dem Bürgersteig, ein müdes Lächeln und die Adresse eines Cousins in Mexiko, der noch eine Kapelle für seine Hochzeit sucht. Vladimir zeigt sich flexibel, nimmt sich den Ratschlag eines amerikanischen Managerkollegen zu Herzen und erkundigt sich in einem Musikgeschäft nach Rock'n'Roll.

Folgsam spielen die *Leningrad Cowboys* fortan Rock'n'Roll und machen sich auf den Weg nach Mexiko. Doch schon bald packt die Jungs die große Sehnsucht nach daheim. Jeder Traktor am Straßenrand erinnert an die ferne Heimat. Indes, in der großen weiten Welt darben die Cowboys, während Vladimir, ihr Herr und Meister, sich den Bauch vollschlägt, die Reste freigiebig an Hunde verteilt und sich an seinen unerschöpflichen Biervorräten gütlich tut. Seine Bierdosen kühlt Vladimir heimlich im Sarg des erfrorenen Bassisten, der auf dem Dach des gecharterten Cadillac thront.

Dieser Coup fliegt auf, als der steife Bassist beginnt, deutlich unangenehm zu riechen. Die Band beschließt, ihm eine neue Heimat unter der Erde zu geben. Sie zieht als musizierende Trauerprozession, begleitet von streunenden Hunden und neugierigen schwarzen Kindern, durch die Straßen von New Orleans, wo sie in *Earl's Bar* ihren ersten großen Auftritt hatte. Doch da haben die *Leningrad Cowboys* nicht mit dem amerikanischen Ordnungssinn gerechnet. Schnell stellt der mit Blaulicht hereneilende mächtige Sergeant fest, daß die Beerdigung nicht ordnungsgemäß angemeldet wurde.

Unsicher scheint die Staatsgewalt auch zu sein, ob nach den geltenden Hygienevorschriften Bierdosen neben erfrorenen Musikern gelagert werden dürfen.

Wie auch immer, die Cowboys samt Manager fahren im Knast ein. Noch ganz beschwingt von ihrem Erfolg in *Earl's Bar,* trommeln sie in ihrer Zelle unverdrossen weiter auf Tische und Stühle. Als nach fünf Tagen die Türen für sie

NEW ORLEANS. IN DER ERSTEN REIHE VON RECHTS: MATO VALTONEN, MAURI SUMÉN, KARI VÄÄNÄNEN, MATTI PELLONPÄÄ, SAKU KUOSMANEN, HEPPI KESKINEN UND EIN NICHT ZU IDENTIFIZIERENDER EINHEIMISCHER.

wieder aufgehen, fühlen sich nicht nur die Cowboys erlöst. Auch die Wärter sind froh über die wiedereingekehrte Stille und legen erleichtert ihre gelben Ohrenschützer beiseite.

In Natchez gibt es erste Anzeichen von Rebellion, da fordern die Bandmitglieder von ihrem Manager energisch etwas zu essen. Die Rebellion ist von mäßigem Erfolg gekrönt. Jeder bekommt eine rohe Zwiebel auf die Hand, während sich Vladimir mit einem saftigen Hamburger den Bauch wärmt. Am Strand in Galveston, Texas, fordert der Manager seine Jungs mit Nachdruck auf, sich die Sonne auf die blassen Bäuche scheinen zu lassen, um so braun zu werden wie die Beach Boys.

Im *Zhivago Club* treiben die *Cowboys* mit ihrem Country-Song aus dem Kollektiv Nummer Neun dem Besitzer des Clubs Tränen der Verzweiflung in die Augen. Er weiß, daß er spätestens nach diesem Konzert sein Etablissement wird verkaufen müssen.

In Texas schließlich holt die Band zum großen Befreiungsschlag aus. Irgendwann platzt auch dem gutmütigsten Cowboy der Kragen. Für seinen Vorschlag, von nun an zu Fuß zu gehen, um das Geld für den fälligen neuen Wagen zu sparen, erntet Vladimir eine ordentliche Tracht Prügel. Doch auch Vanja, dem schmächtigsten der Cowboys, ergeht es wenig besser. Statt sich mit ihm über sein neues oranges Cowboy-Outfit zu freuen, interessieren sich seine Kollegen mehr für den Verbleib des gemeinsamen Geldes. Ivan hat Glück, daß die hungrigen Cowboys ihn mit einem blauen Auge davonkommen lassen.

In Langstry, Texas, wird mit Vladimir schließlich kurzer Prozeß gemacht. Nach einer ordentlichen Schlägerei feiert die Band ihre Befreiung mit Bier und Kasatschok am nächtlichen Feuer. Auch Trottel Igor wird für seine Mühen belohnt. Endlich findet er die Cowboys und dort auch Aufnahme. Vladimir, den er aus seiner mißlichen Lage befreit, bleibt nichts anderes übrig, als den Trottel zum Roadmanager zu ernennen.

**KARI »SIMO« LAINE UND HEIKKI UKKONEN,
LOCATION-MANAGER UND AUSSTATTUNGSSPEZIALISTEN. WEST VIRGINIA.**

Igor kennt die Straßen von Amerika inzwischen gut. Mit bloßen Füßen, Greyhounds und Schulbussen ist er der Gruppe Meile um Meile gefolgt, wie ein unsichtbarer Schatten. Den Hinterhof der Gesellschaft lernte er dabei kennen, und auch, daß Amerika auch nur ein Land mit begrenzten Möglichkeiten ist. Die Schuhe, die er fand, waren längst nicht spitz genug, und auch der Friseur, den er aufspürte, sah sich nicht in der Lage, ihm eine cowboygemäße Tolle herzuzaubern. Immerhin, in den Sümpfen fing er mit der bloßen Hand einen riesigen Fisch, den sich seine ausgehungerten Idole nun gerne zu Gemüte führen.

Wenig später kehrt wieder Demokratie ein. Vladimir läßt sich von Igor befreien, schreit seine Untergebenen zusammen und sitzt alsbald, wie eh und je, mit Bierdosen um sich schmeißend, grinsend auf dem Beifahrersitz. Auch Mato, der Fahrer, hat bald Grund zu grinsen. An einer Tankstelle trifft er seinen verschollenen Cousin wieder, der einst beim Fischen in den Golfstrom fiel und bis nach Galveston-Beach gespült wurde. Da Vetterchen weder Auto fahren noch ein Instrument spielen kann, wird er kurzerhand zum Sänger erklärt. Das erweist sich in Houston als glückliche Wahl.

Angesichts der wild tätowierten Rocker in *Joe's Place* zittern dem Schlagzeuger schon die Knie, da beruhigt der Cousin mit *Born to be Wild* die Menge.

In Mexiko schließlich wartet die Hochzeitsgesellschaft schon ungeduldig auf die Musik. Die Cowboys spielen auf zum Tanz, Igor unterdessen schleicht sich an den vereisten Bassisten heran. Liebevoll behandelt er ihn mit einem Fön und einer Flasche Tequila. Da kann auch ein unterkühlter Bassist mit schwarzer Sonnenbrille nicht anders, als zu neuem Leben zu erwachen. Vladimir indes macht sich heimlich zwischen den Kakteen davon – und ward nie mehr gesehen. – Von ihrem tyrannischen Manager erlöst, erklimmen die Cowboys fortan die Top Ten der mexikanischen Charts.

ZWISCHEN DEN DREHARBEITEN ERHOLT UND VERGNÜGT SICH DAS TEAM.

DER FILM

Zwei Seelen schlagen in der Brust des Filmemachers. »Ich bin schizophren«, gesteht Aki Kaurismäki. »Ich schwanke zwischen ernsten Filmen und völlig abseitigen. Ich mag beide. Aber die letzteren lassen mir mehr Zeit für die Theke. Vielleicht ist das der Grund, warum ich weniger ernste drehe.« Viel Zeit an der Theke müßte ihm demnach geblieben sein, als er mit der finnischen Komiker- und Musikertruppe *Sleepy Sleepes* den Film *Leningrad Cowboys go America* drehte. Es sollte Kaurismäkis bis dahin erfolgreichster Film werden. *Leningrad Cowboys go America* geriet schlechterdings zum Publikumsliebling. Die Musikgroteske wurde 1990 auf den Berliner Filmfestspielen von Besuchermassen geradezu gestürmt und am Ende des Jahres hatten allein in Deutschland 300.000 Kinobesucher die nach eigener Werbung »schlechteste Rock'n'Roll-Band der Welt« auf der Leinwand gesehen.

Die *Cowboys* sind eine Erfindung von Mato Valtonen und Sakke Järvenpää. Nachdem die beiden Musiker sich in ihrer Heimat schon zuvor mit der ersten finnischen New Wave Band *The Sleepy Sleepers* einen Namen gemacht hatten, hoben sie 1986 die *Leningrad Cowboys* aus der Taufe. Die Band ist mehr als eine gewöhnliche Musikgruppe, sie verkörpert eine Lebenseinstellung. Die *Cowboys* mit ihrem tyrannischen Manager Vladimir inszenieren sich als eine Kunstform mit einer eigenen Art von Humor und einer Geschichte, die bis in graue Vorzeiten zurück geht. Die *Leningrad Cowboys* kommen der Legende nach aus dem *Kollektiv Nummer Neun*. Dort züchteten sie Rinder auf der Steppe und ernährten sich von Wodka. Seit Urzeiten leben sie mit ihren langen Tollen und spitzen Schuhen nach dem Wahlspruch: *Make Tractors, not War*.

Viele finnische Popmusiker begannen ihre Karriere als *Leningrad Cowboy* unter den Bandleadern Mato Valtonen und Sakke Järvenpää, die ihrer Gruppe über die Jahre treu

DER VERMEINTLICH VERSTORBENE JIMI HENDRIX BETREIBT IN WIRKLICHKEIT IN HOUSTON, TEXAS EINE KANTINE FÜR STREUNENDE HUNDE.

geblieben sind. Es ist ihre Band und ihre Musik. Sie sind aber allesamt Profis und haben eine ganze Reihe finnischer Hits im Repertoire. Mato Valtonen, der als großer Denker gilt, beschrieb die Musik der Band einst als »Mischung aus Rock'n'Roll-Klassikern, eigenen Stücken, Gequatsche und Adians«, wobei es Matos Geheimnis bleibt, was – um Himmels willen – unter dem letzten Begriff zu verstehen ist. Sicher aber ist, die Leningrad Cowboys verbreiten Spaß und gute Laune.

Das Augenfälligste an den *Cowboys* ist ihr Äußeres: die überdimensionierten, ausscherenden Haarschöpfe mit den dazu korrespondierenden spitzen schwarzen Schuhen. Dem Rock-Klassiker *These Boots are made for Walking* verliehen sie mit ihrem Schuhwerk eine völlig neue Bedeutung. Gewöhnlich sind die Cowboys in schwarzen Anzügen und, als Referenz an die kalten Winde, die über die heimatliche Tundra wehen, in Fellmänteln anzutreffen. Die Rezensenten in den Feuilletons sind sich uneins: erinnern sie nun mehr an besoffene Pinguine oder an Bestattungsunternehmer?

Wie auch immer, sie sehen verrückt aus. So verrückt, daß Aki Kaurismäki eines Tages zu Mato Valtonen sagte, daß man eigentlich einen Film über sie drehen müßte. Mato Valtonen sagte zu und wartete dann ein paar Jahre, bis Aki fand, daß die Zeit nun reif sei, und alle gemeinsam aufbrachen nach Amerika.

Ein Drehbuch gab es nicht. Nur die erste und die letzte Szene im Film habe vor der Reise in die Neue Welt festgestanden. Der Rest – also strenggenommen fast alles – sei unterwegs improvisiert worden. Man konnte sich auf den Einfallsreichtum des Regisseurs und der Sänger Sakke Järvenpää und Mato Valtonen verlassen. So ist eine Geschichte entstanden, die im Grunde keine wirkliche ist. Ein Gag reiht sich an den nächsten, wie in einem Comicstrip mit lebendigen Schauspielern.

DIE UNMISSVERSTÄNDLICHEN, DYNAMISCHEN ANWEISUNGEN DES REGISSEURS HALTEN DIE SCHAUSPIELER NICHT NUR GUT IN SCHUSS, SONDERN AUCH AUF DEM LAUFENDEN. NATCHEZ.

Gelungen ist Aki Kaurismäki ein phantastisches Road-Movie, das keine noch so unrealistische Szene scheut. Der amerikanische Filmemacher Jim Jarmusch, von Kaurismäki hochgeschätzter Bruder im Geiste, läßt grüßen und tritt sogar selbst auf, um den finnischen Cowboys einen fahrbaren Untersatz zu verkaufen. So wie Jim Jarmusch hier als Autohändler einen kurzen Auftritt hat, spielt auch mal einer aus der Kaurismäki-Truppe in Jarmuschs Filmen mit. In den fünf Taxi-Episoden in *Night on Earth* (1991) trifft man plötzlich den berühmten Kaurismäki-Darsteller Matti Pellonpää wieder, wie er mit ausdruckslosem Gesicht zwei betrunkene Fahrgäste (Kari Väänänen und Sakari Kuosmanen) mit seiner Lebensgeschichte zu Tränen rührt.

In Amerika reisen die *Leningrad Cowboys*, wie die verlorenen Helden in Jarmusch *Down by Law* (1986) es vor ihnen taten, natürlich auch nach New Orleans und Memphis. Hier im *Sun Studio* nahm B. B. King 1951 seine erste Platte auf und Elvis Presley seine allererste Single. Das *Sun Studio* machte sie weltberühmt: Johnny Cash, Carl Perkins, Jerry Lee Levis, Roy Orbinson und last but not least Elvis Presley. Unmittelbar an Jim Jarmuschs Szene im Gefängnis aus *Down by Law,* in dem der italienische Komiker Roberto Benigni im Knast die Wärter mit seinem A-cappella-Gesang »*I scream, you scream, we all scream for ice cream*« an den Rande des Nervenzusammenbruchs führt, erinnert Kaurismäki, wenn er seine Cowboys im Knast so rhythmisch wie nervtötend mit Bestecken an ihre Blechnäpfe trommeln läßt. Auch hier bekommt man Mitleid mit dem Wachpersonal, das sich nicht anders zu helfen weiß als mit gelben Ohrenschützern, die im wirklichen Leben mit Preßlufthämmern bewehrte Männer beim Straßenbau tragen.

Es gehört zur Legendenbildung, daß Aki Kaurismäki genau wie seine große Crew beim Übertreten der Grenze nur ein Touristenvisum gehabt haben will, von einer Drehgenehmigung ganz zu schweigen. Immer wenn sie an

**DAS CAFE JAKKULI RIEF LEIDENSCHAFTLICHE GEFÜHLE UND GELEGENTLICH OFFENE PROTESTE HERVOR.
JAAKKO TALASKIVI, DER DIE MAHLZEITEN TAG FÜR TAG WIEDERVERWERTETE, WAR SEINER ZEIT WOHL EINFACH VORAUS.**

den Grenzen gefragt worden seien, was sie denn da für Zeugs mit sich rumschleppen würden, hätten sie die Unschuld aus dem hohen Norden gemimt und geantwortet: »Och, wir sind nur Hobbyfotografen«, und dann zugesehen, daß sie sich mit Sack und Pack aus dem Staub gemacht hätten. Die gestrenge US-Filmgewerkschaft sei ihnen stets dicht auf den Fersen gewesen, habe am Ende jedoch immer das Nachsehen gehabt.

Das Ergebnis, die Geschichte einer Reise über den Ozean und durch den Kontinent, eine »Geschichte von verrufenen Kneipen und anständigen Leuten im Hinterhof der Hamburger-Nation«, ist für den finnischen Rezensenten Mikko Piela das Werk eines völlig Übergeschnappten: »Der Film ist völlig übergeschnappt, idiotisch, kindisch-primitiv; verzerrt in grober Weise das Finnlandbild im Ausland; mit anderen Worten, er ist eigentlich recht amüsant, in seiner Weise ein lyrisches Werk, das, sauber und professionell verwirklicht, das Weltbild des Zuschauers erweitert. Mit Shakespeare stellt man verblüfft fest: *Des Dichters Aug' im schönen Wahnsinn rollt!*«

Seine Uraufführung erlebte *Leningrad Cowboys go America* am 24. 3. 1989 in Finnland. Gewidmet hat Aki Kaurismäki seinen Film Guty Gardenas, einem mexikanischen Sänger, der in Restaurants bei Festen und Hochzeiten spielte und 1985 bei einer Schlägerei in einer Kneipe ums Leben kam.

Seit die *Leningrad Cowboys* von Aki Kaurismäki nach Amerika geschickt wurden, sind die finnischen Jungs, die ihre Sonnenbrillen niemals abnehmen, zu einem finnischen Exportartikel geworden. Zu einem Artikel, der allen bisherigen Klischees über Finnland mit einem neuen Logo widerspricht und überall gute Laune verbreitet.

MAURI SUMÉN VERKAUFT SEIN AKKORDEON AN DEN MEISTBIETENDEN, UM WENIGSTENS ETWAS ZU ESSEN ZU BEKOMMEN.

RANKIN STREET, NATZCHEZ, MISSISIPPI.

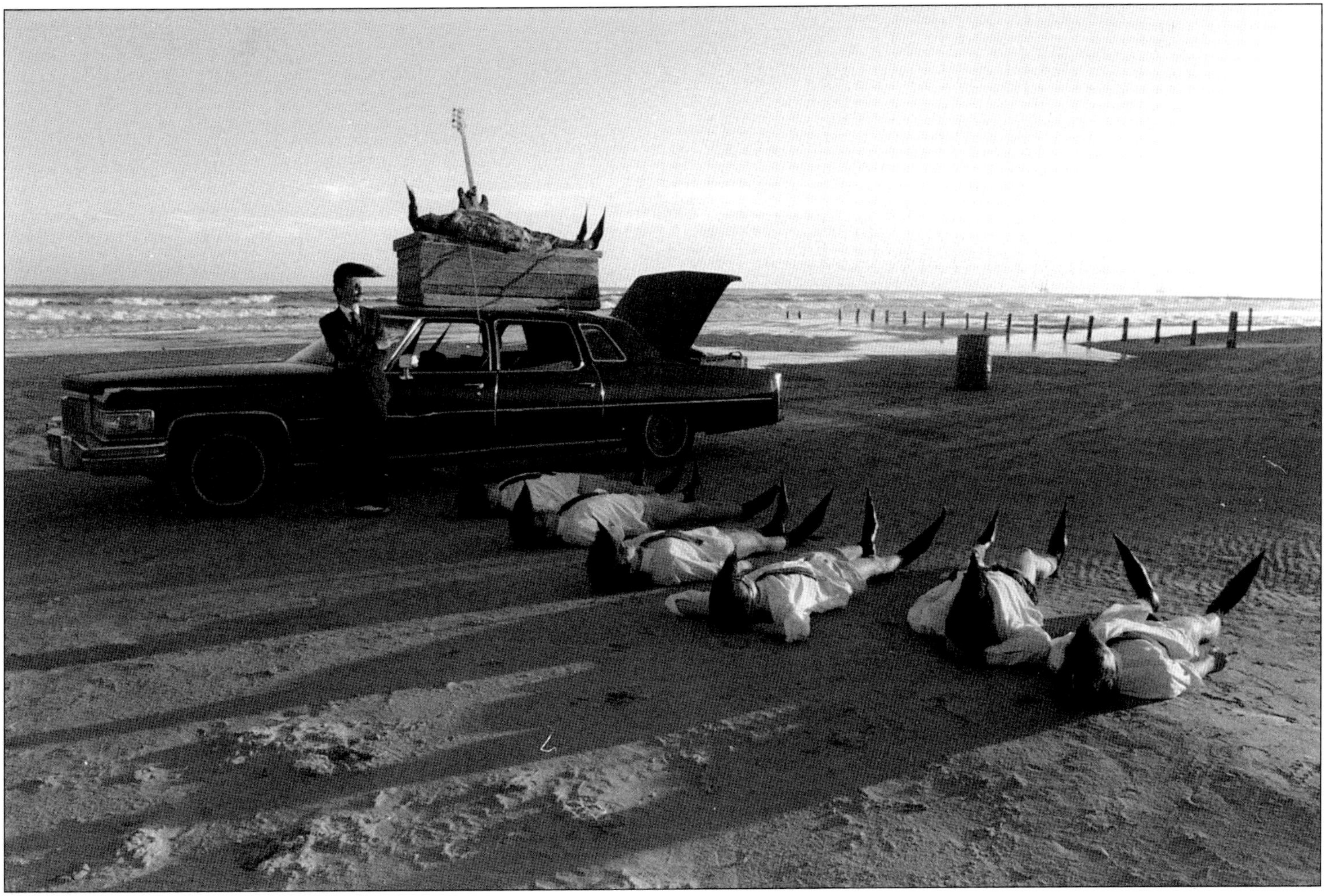

NACHDEM ER SICH DEN BAUCH VOLLGESCHLAGEN HAT, WIRFT VLADIMIR, DEM OFTMALS VORGEWORFEN WURDE, UNMENSCHLICH ZU SEIN, EINEM ALTEN HUND (JACK) EIN PAAR HAPPEN ZU. SAN ANTONIO, TEXAS.

**EIN LETZTES LÄCHELN, BEVOR ER PRÜGEL BEZIEHT. VANJA (MAURI SUMÉN)
HAT DAS GEMEINSAME ESSENSGELD AUF DEM ALTAR DER EITELKEIT GEOPFERT. HOUSTON.**

**IN EINER MODERNEN ROCKBAND HERRSCHT EINE STRENGE HACKORDNUNG.
IM KOFFERRAUM SAKU KUOSMANEN UND PIMME KORHONEN.**

DER STUMME IGOR (KARI VÄÄNÄNEN) FOLGT DER BAND WIE EIN SCHATTEN UND IST IMMER – ZU SPÄT.
MIT SEINEM SELBSTGEFANGENEN FISCH WILL ER SICH EINEN PLATZ IN DER HUNGER LEIDENDEN BAND EROBERN;
JE VERZWEIFELTER DIE SITUATION, DESTO ENTSCHLOSSENER WIRD ER.
IRGENDWO IN DEN BRACKIGEN GEWÄSSERN LOUSIANAS.

DER WEG ZUM RUHM SCHEINT UNAUFHALTSAM. NUN JA, DIE REALITÄT STIMMT SELTEN
MIT DEN TRÄUMEN UND BESCHEIDENEN SEHNSÜCHTEN ÜBEREIN. HOUSTON.

**DER REGISSEUR FRAGT SICH, OB ER DEN RICHTIGEN BERUF GEWÄHLT HAT.
LONESOME BAR. MEMPHIS, TENNESSEE.**

AUCH IN DER VERGANGENHEIT BRACHEN AUS GOTTVERLASSENEN ORTEN IN SIBIRIEN,
AUS DEM NIEMANDSLAND, EIN PAAR SEELEN MUTIG AUF IN RICHTUNG WESTEN,
DEM SONNENUNTERGANG ENTGEGEN. NUR WENIGE SIND ZURÜCKGEKEHRT.

LAIKA, DIE GROSSE ALTE DAME UNTER DEN HUNDE-DARSTELLERINNEN,
VERPASST IRGENDWO IN DER TUNDRA DER PROMENADENMISCHUNG MISKA EINE LEKTION.

»GIB UNS WAS ZU ESSEN, VLADIMIR...«
»NEIN, WAS IHR BRAUCHT, IST SONNE UND FRISCHE LUFT.« GALVESTON.

**SAKKE JÄRVENPÄÄ, MATO VALTONEN, JIM JARMUSCH (AUTOHÄNDLER) UND MATTI PELLONPÄÄ
BEIM KAUF IHRES ERSTEN CADILLACS IN DER NEUEN WELT. NEW YORK. N.Y.**

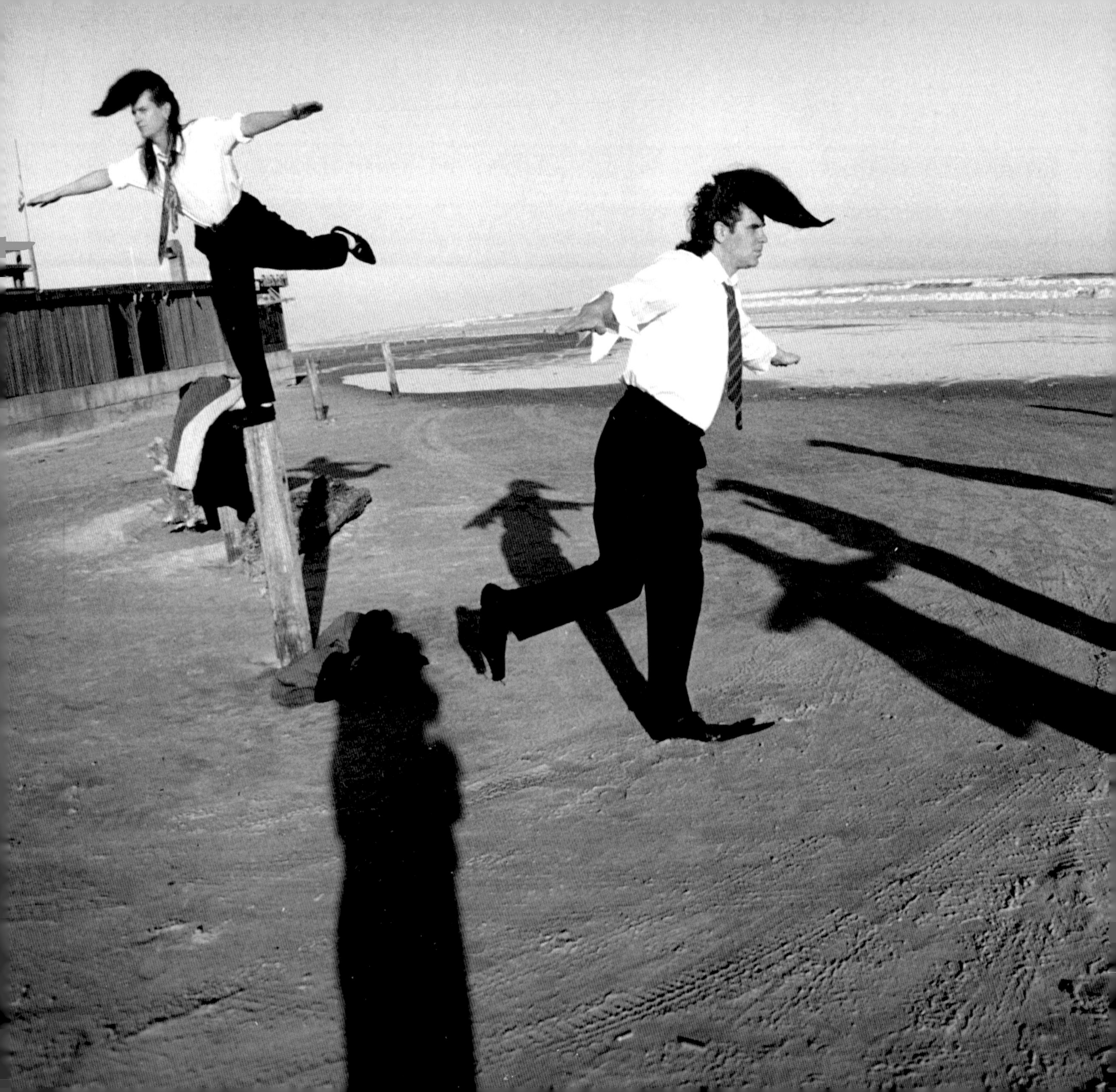

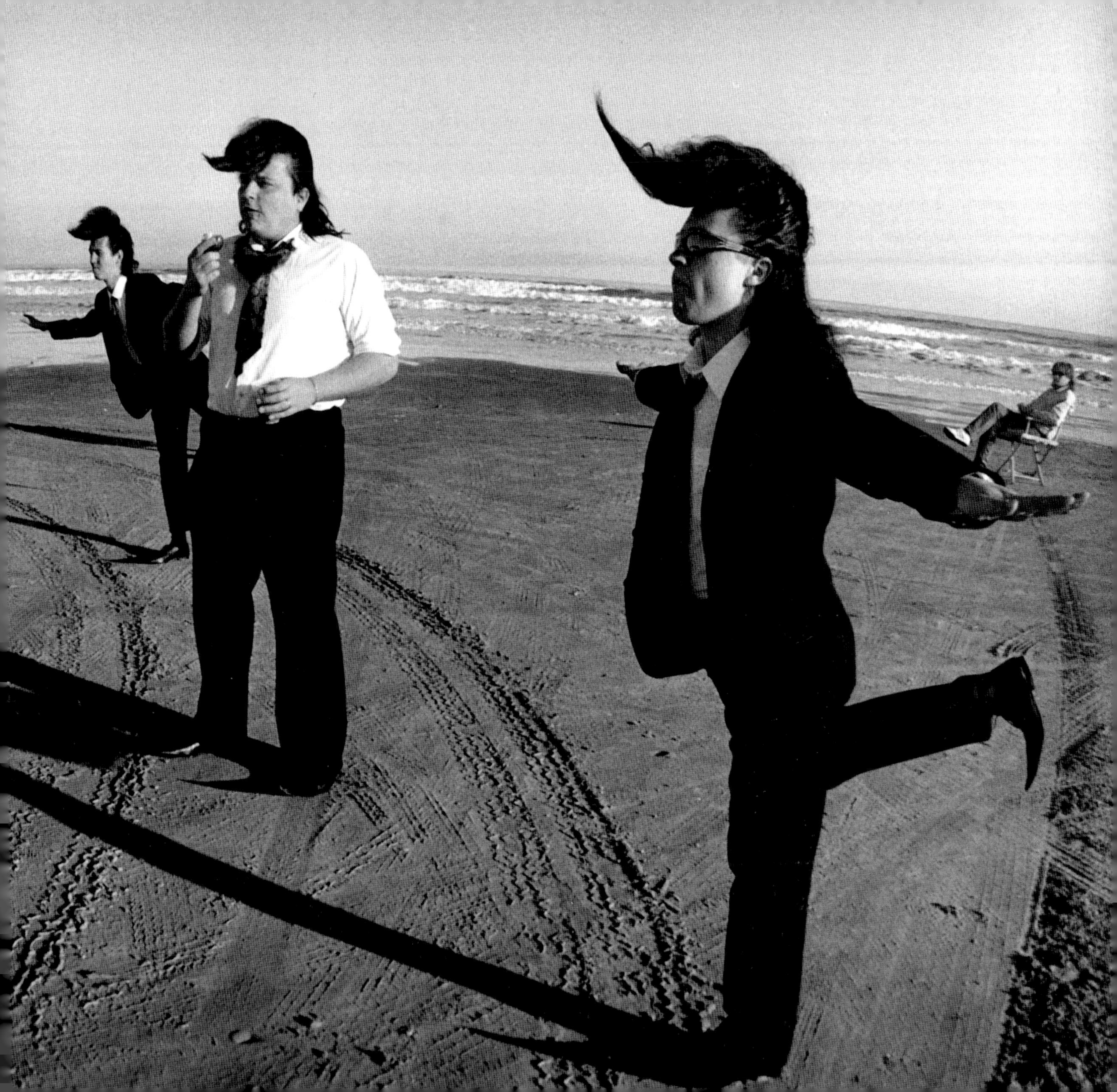

DAS MÄDCHEN AUS DER STREICHHOLZFABRIK

Das Mädchen aus der Streichholzfabrik
Tulitikkutehtaan tyttö

1989 • Spielfilm
70 Minuten • Farbe • 35 mm
Produktion: Villealfa Filmproductions / Aki Kaurismäki • The Swedish Film Institute / Klas Olofsson / Katinka Farago
Darsteller: Kati Outinen (Iris Rukka) • Elina Salo (Mutter) • Esko Nikkari (Stiefvater) • Vesa Vierikko (Mann) • Silu Seppälä (Bruder) • Outi Mäenpää (Arbeitskollegin) • Marja Packalén (Ärztin) • Richard Reitinger (Mann in der Bar) • Helga Viljanen (Büroangestellte) • Kurt Siilas • Ismo Keinänen (Polizisten) • Reijo Taipale • Erkki Friman • Tapani Ikonen • Jari Lappalainen • Lasse Luoto (Tanzkapelle)
Buch: Aki Kaurismäki
Kamera: Timo Salminen
Ton: Jouko Lumme
Schnitt: Aki Kaurismäki
Ausstattung: Risto Karhula
Bauten: Heikki Ukkonen
Produktionsassistenz: Haije Alanoja
Scriptgirl: Marja-Leena Helin
Regieassistenz: Pauli Pentii
Mischung: Tom Forsström / SES Sound
Herstellungsleitung: Klaus Heydemann

DIE GESCHICHTE

In einer Streichholzfabrik braucht es nicht viele Hände. Maschinen entrinden Pappelholzklötze, schälen Holzbänder von Zündholz-Dicke ab und schneiden sie in Streifen von der Breite mehrerer Streichholzlängen. Eine Abschlagmaschine zerteilt dann die Streifen zu Zündholzstäbchen. Die Stäbchen werden imprägniert, getrocknet und gereinigt. Riesige Komplettmaschinen baden sie in Paraffin, sortieren sie in Schachteln, denen eine Etikettiermaschine bunte Schildchen verpaßt. Am Ende des Bandes steht einsam ein dünnes Mädchen, das in einem weißen Kittel prüft, ob die Banderolen an der richtigen Stelle sitzen.

Das Mädchen mit dem blassen Gesicht fährt nach der Arbeit mit der Straßenbahn nach Hause. Sie kauft in einem kleinen Tante-Emma-Laden für das Abendessen ein und kocht daheim für ihre ewig schweigende Mutter und ihren ungeliebten Stiefvater einen einfachen Möhreneintopf. Der Mann, die Frau, das Mädchen essen schweigend.

Während der Mann im Sessel vor dem Fernseher eingeschlafen ist, verfolgt die Frau, eine Zigarette nach der anderen rauchend, mit unbeteiligtem Gesichtsausdruck die Nachrichten: In Peking rollen Panzerkolonnen auf den Platz des Himmlischen Friedens; Ajatollah Khomeni ist tot.

Das Mädchen schminkt sich die Augen dezent hellblau und geht in ein Tanzlokal. Es sitzt mit vier anderen Frauen auf einer Holzbank. Die Kapelle spielt finnischen Tango in Moll. Eine nach der anderen wird zum Tanz aufgefordert. Das Mädchen bleibt übrig. Sie trinkt ihre fünfte Limo aus und geht heim auf ihre Schlafcouch.

Das Mädchen aus der Streichholzfabrik heißt Iris Rukka, wohnhaft Fabrikstraße 44, Hinterhof.

Einmal gönnt sich Iris ein extravagantes, schulterfreies Kleid aus schwerem, glänzendem Stoff mit roten Rosen und passender schwarzer Stola. Ihre Lohntüte legt sie auf den Wohnzimmertisch. Während Iris ihr neues Kleid vorsichtig aus dem Seidenpapier nimmt, studiert die Mutter den Lohnstreifen und zählt das Geld. Wie eine Mauer stehen Vater und Mutter in der Tür.

Der Vater, mächtig mit Schmerbauch und Schnauzer, verpaßt seiner Stieftochter eine Ohrfeige und sagt: »Hure«.

Die Mutter: »Das bringst du zurück.«

Iris geht in eine öffentliche Badeanstalt, duscht sich und zieht ihr neues Kleid an. In der Disko lernt sie einen gut und teuer gekleide-

SCHLAGARTIG WIRD IRIS RUKKA KLAR,
DASS SIE SCHWANGER IST.

ten Mann mit Vollbart kennen. Sie schwofen. Iris legt ihren Kopf an seine Schulter und lächelt.

Am nächsten Morgen erwacht Iris in seinem schicken, teuer mit modernen hellen Möbeln eingerichteten Appartement. Die 1000 Finnmark, die der Mann, als er ging, für sie auf den Nachttisch gelegt hat, sieht sie nicht. Iris hinterläßt ihre Telefonnummer.

Iris wartet auf einen Anruf. In der Fabrik sitzt sie in der Umkleide neben dem Wandtelefon und starrt abwechselnd auf ihre Hände und das Telefon. Der Apparat bleibt stumm.

Die Mutter schenkt Iris zum Geburtstag einen neuen Angélique-Roman. Das Mädchen stellt ihn zu den übrigen vier Bänden auf ein schmales Bücherbord. Sie ißt ein Stück Kuchen – allein – und geht ins Kino. Sie sieht den *Marx Brothers* zu und weint. Da beschließt sie, zu Arne zu gehen, dem Mann, mit dem sie geschlafen hat. Er wimmelt sie ab, verspricht ihr aber, sie am nächsten Abend abzuholen. Sie gehen essen.

Er: Schmeckt es? – Sie: Ja gut. – Er: Wenn du denkst, zwischen uns, das wäre was Bleibendes, täuschst du dich. Es gibt nichts, was mich weniger berühren könnte, als deine Zuneigung. Es wäre am besten, du verschwindest jetzt. – Iris läßt ihr Dessert stehen und geht – wortlos.

In der Fabrik wird Iris übel. Sie ist schwanger. Sie schreibt Arne einen langen Brief: »Auch wenn du mich nie wirklich lieben kannst, wird dir das Kind im Laufe der Zeit vielleicht auch Freude bereiten ...«

Der Mann antwortet ihr auf Karopapier mit einem einzigen schreibmaschinengeschriebenen Satz: »Schau, daß du das Balg loswirst.« Statt einer Unterschrift: ein Scheck.

Iris läuft vor ein Auto. Als sie aus dem Krankenhaus entlassen wird, zieht sie zu ihrem Bruder. In einer Apotheke kauft sie Rattengift. – »Wollen Sie die kleine Packung oder die große?« – »Die große. Wie ist die Wirkung?« – »Absolut tödlich.« – »Gut.« Sie verteilt das Gift auf Arne, ihre Mutter, ihren Stiefvater und auf einen alkoholseligen Kerl, der sich in einer Kneipe an sie ranzumachen versucht. Am nächsten Morgen steht sie wieder in der Fabrik am Fließband und wartet, bis jemand kommt, um sie zu holen.

Dann hört man ein Lied: Wer alles gibt und dafür nur Enttäuschung bekommt, kann die Erinnerung nicht mehr ertragen. Jetzt blüht sie nicht mehr, die Blume der Liebe, dein kalter Blick, dein Lächeln aus Eis waren ihr Tod ...

Zwei Männer kommen, zeigen ihren Ausweis und nehmen Iris mit.

DER FILM

»Plötzlich im letzten Frühjahr strich ich ziellos durch die Stadt, redete zuviel und wand und schüttelte ganz albern den Kopf. Am nächsten Tag lag ich still unter meinem Bett und verachtete mich zutiefst. Zum Ausgleich beschloß ich, einen Film zu drehen, neben dem Robert Bresson als Regisseur satter Action-Streifen dastehen würde. Später nannte ich den Schrott

Das Mädchen aus der Streichholzfabrik, weil der Titel lang genug ist, um ihn schnell wieder zu vergessen«, erzählt der Regisseur in gewohnt lakonischer Art zur Entstehungsgeschichte dieses Films. Mit dem *Mädchen aus der Streichholzfabrik* schließt Kaurismäki seine Trilogie ab, die er den Verlierern aus der Unterschicht widmet. Von den Geschichten, die vom Schmerz der Gescheiterten, der vom Leben Betrogenen erzählt, ist die Geschichte der einsamen, stets und überall abgelehnten Fabrikarbeiterin Iris vielleicht die traurigste. Am weitesten entfernt sich der Film jedoch von den beiden Vorgängern durch seinen absoluten Pessimismus. Der Müllmann Nikander in *Schatten im Paradies* verläßt Finnland am Ende ebenso wie es der arbeitslose Kumpel Taisto in *Ariel* vor ihm tat. Und: Die Männer fliehen aus ihrer Heimat nicht allein. Sie werden begleitet von Frauen, deren schlichte Anwesenheit ihnen schon ein kleines bißchen Glück verspricht. Iris dagegen ist am Ende des Films so einsam wie am Anfang, und was vielleicht noch schlimmer ist: Sie bleibt.

In ihrer ausweglos erscheinenden Situation rettet sie ihr stiller, bitterer Humor. Dann macht Iris einem Zudringling in einer Kneipe kurzen Prozeß und kippt ihm beiläufig Rattengift ins Whiskeyglas. Und mit diesem lakonischen Witz, der viele Worte meidet, reiht sich Iris doch wieder ein in den Kosmos der typischen Kaurismäki-Figuren.

»Es amüsiert mich, wie die Zuschauer reagieren«, sagt Aki Kaurismäki. »Wenn ich jemanden, der den Film gesehen hat, bitte, mir

MITTAGSPAUSE.

die Geschichte zu erzählen, sagen mir alle: »*Das Mädchen hat vier Menschen umgebracht und wird von der Polizei ins Gefängnis gebracht.* Das ist es aber nicht, was ich gesagt habe. Ich habe nie gesagt, daß sie sterben, ich habe nie gesagt, daß das Polizisten sind. Ich kann sagen, das sind ihr Onkel und sein Sohn, die sie für ein Picknick mit aufs Land nehmen. Ich habe nie jemanden tot gezeigt. Das ist in euren Köpfen. Und so wenig Rattengift bringt ohnehin niemanden um. Aber ich denke schon, daß sie sterben. Ich hoffe, daß sie sterben.«

Gerade in diesen Szenen, die sich im Kopf des Zuschauers mehr als auf der Leinwand abspielen, zeigt sich Kaurismäki als intelligenter Erzähler, dem jeder überflüssige Schnörkel ein Graus ist. Die Bilder selbst konzentrieren sich auf Momente der Leere. Minutiös genau wird nur die Welt der Dinge festgehalten – sei es die Apfelsine, die der Stiefvater Iris ins Krankenhaus mitbringt und ihr so acht- wie wortlos auf den Nachttisch legt, nachdem er sie aufgefordert hat, das Haus zu verlassen, oder die rote Kugel auf dem Billardtisch im Appartment des Bruders, die Iris betrachtet, als sie den Entschluß faßt, sich nicht weiter herumschubsen zu lassen und ihr Leben selbst in die Hand nimmt.

Jedes Bild in diesem kurzen, sparsam erzählten Film spricht, nur die Protagonistin selbst bleibt sprachlos. Noch bevor sie den ersten Satz gesprochen hat, wissen wir alles über Iris, das Mädchen aus der Streichholzfabrik. Weil es nicht zu sagen gibt, sagt sie alles mit ihrem Gesicht. Kati Outinen, die zum festen Ensemble in Kaurismäkis Filmen gehört, zeigt, wieviel Ausdruck die Ausdruckslosigkeit besitzt und wie viele Nuancen die Versteinerung. Die dünnen, blonden Haare hängen kraftlos an ihrem Gesicht herunter. Und den Zuschauer peinigt an ihrem blassen Gesicht ein ganz kleines Detail: die Rötung zwischen Nase und Unterlippe. Dieser niemals ausheilende schmerzende Schnupfen ist vielleicht noch schlimmer als die eine große Enttäuschung. Dabei wird sie oftmals so ins Bild gerückt, daß das spießbürgerliche Mobiliar ihrer Familie ihr jeden Fluchtweg zu versperren scheint. Eingeklemmt zwischen Resopaltisch mit Blümchendecke, Gardine und Brotkasten sitzt sie da, legt die Hände auf die Knie und starrt auf den Boden. Aus dem Off übernimmt dann ein Sänger mit dümmlichen Schlagern den – oftmals betont platten – Kommentar der Szenen.

Das Mädchen aus der Streichholzfabrik beginnt wie ein Dokumentarfilm über die Herstellung von Zündhölzern in der letzten noch existierenden Streichholzfabrik Finnlands. Bewußt dokumentarischen Charakter tragen auch die immer wieder dazwischen geschnittenen Nachrichtenbilder von der blutigen Niederschlagung der Studentenbewegung in Peking vom Juni 1989. Dazu der Regisseur: »Ich hatte mir noch nicht genau überlegt, was ich im Fernseher verwenden wollte, ich dachte vage an Nachrichten. Dann haben sich jene Vorfälle ereignet, und so habe ich die Kamera vor den Fernseher gestellt und die Nachrichten aufgezeichnet, jeden Tag. Nun habe ich sie verwendet, und die Wirkung ist recht eigenartig, da die Schauspieler gar nicht wußten, was sie sich da angeblich anschauten, als wir die Szenen drehten, und so haben die Reaktionen keinen Zusammenhang mit diesen Bildern. Ich fand jedoch, daß es trotzdem gut paßte, und ich habe diese Bilder belassen, weil ich nicht will, daß die Leute vergessen, was da geschehen ist.«

Das Mädchen in der Streichholzfabrik wurde am 12. Januar 1990 in Helsinki uraufgeführt und von der internationalen Kritik hochgelobt. Auch die deutsche Presse ist des Lobes voll. So meint der deutsche Filmkritiker Wolfram Schütte: »Inmitten der Bilderflut und der Orkane des Tons, welche im Kino über seine Besucher herfallen, erfindet Kaurismäki die verwunschenen Inseln seiner tückisch-stillen, seine bedachtsam-sprachlosen Gegenwarts-Epiphanien *Aus der Arbeitswelt*: ein subversiver Kriminalist im Kälte-Licht unter den hohen Breitengraden.«

Mit dem *Mädchen aus der Streichholzfabrik* verabschiedete sich Aki Kaurismäki 1989 fürs erste von Finnland. Keinen Quadratmeter gebe es mehr, wo er seine Kamera noch aufstellen könne. Keine Milieus mehr, die noch gezeigt werden könnten. Über die finnische Gesellschaft habe er mit seiner Arbeitertrilogie alles gesagt, was er zu sagen habe, vermeldete der Regisseur und zog sich mit Frau und Hund nach Portugal auf ein kleines Weingut zurück, wo er seitdem einen Teil des Jahres verbringt.

**SONNTAGS ESSEN SIE DAS ÜBLICHE, ABER FESTLICHER
(KATI OUTINEN, ELINA SALO UND ESKO NIKKARI)**

WIE KANN SIE DER TOCHTER HELFEN,
WENN SIE SICH DOCH SCHON SELBER AUFGEGEBEN HAT (ELINA SALO).

**NACHTS PHANTASIERT IRIS, BIS SIE IN EINEN TIEFEN,
BEWUSSTLOSEN SCHLAF FÄLLT.**

WEGEN DER SCHANDE, DIE SIE ÜBER DIE FAMILIE (BESTEHEND AUS EINEM
INFANTILEN STIEFVATER UND EINER WORTKARGEN MUTTER) GEBRACHT HAT,
ZIEHT IRIS IN DAS EIN-ZIMMER-APPARTMENT IHRES BRUDERS (SILU SEPPÄLÄ).

DIE VERSCHWENDERISCHE TOCHTER KEHRT AUS DER WELT ZURÜCK.
RACHE IM SINN FLEHT SIE UM VERGEBUNG. IRIS IST ZUTIEFST ERSCHÜTTERT.

DER KRUG GEHT ZUM BRUNNEN, BIS ER ZERBRICHT.
IRIS ALS GIFTMISCHERIN.

FINNMATCH WAR DIE LETZTE FINNISCHE STREICHHOLZFABRIK. UM DIE EIGENEN FEHLENTSCHEIDUNGEN ZU VERTUSCHEN, VERKAUFTE DAS GROSSKAPITAL SIE AN EINEN SCHWEDISCHEN KONKURRENTEN. DIES HATTE NEBEN 40 ARBEITSLOSEN AUCH DAS ENDE DER GESCHICHTE UNSERES RUHMREICHEN STREICHHOLZES ZUR FOLGE. WÄHREND DER FILMAUFNAHMEN WAR DIE PRODUKTION JEDOCH NOCH IN VOLLEM GANGE.

I HIRED A CONTRACT KILLER

I Hired a Contract Killer
1990 • Spielfilm
80 Minuten • Farbe • 35 mm
Produktion: Villealfa Filmproductions / Aki Kaurismäki • The Swedish Film Institute / Klas Olofsson / Katinka Farago
Darsteller: Jean-Pierre Léaud (Henri) • Margi Clarke (Margaret) • Kenneth Colley (Killer) • Trevor Bowen (Abteilungsleiter) • Imogen Clare (Sekretärin) • Angela Walsh (Vermieterin) • Cyril Epstein (Taxifahrer) • Nicky Tesco (Pete) • Charles Cork (Al) • Michael O'Hagan (Chef der Killer) • Tex Axile (Barman) • Walter Sparrow (Mann an der Rezeption) • Tony Rohr (Frank) • Aki Kaurismäki (Sonnenbrillenverkäufer) • Joe Strummer (Gitarrist) • Roberto Pla (Bongospieler) • Peter Graves (Juwelier) • Serge Reggiani (Vic) • Ette Elliot (Tochter des Killers)

Buch: Aki Kaurismäki nach einer Idee von Peter von Bagh
Kamera: Timo Salminen
Ton: Timo Linnasalo
Schnitt: Aki Kaurismäki
Ausstattung: John Ebden
Bauten: Heikki Ukkonen • Mark Lavis
Kostüme: Simon Murray
Produktionsassistenz: Haije Alanoja
Scriptgirl: Marja-Leena Helin
Regieassistenz: Pauli Pentti • Kari Laine • Robert Fabbri
Mischung: Tom Forsström / SES Sound
Herstellungsleitung: Klaus Heydemann • Martin Bruce Clayton • David Kelly

DIE GESCHICHTE

London. Die königlichen Wasserwerke werden privatisiert. Henri Boulanger bekommt nach fünfzehn Jahren von seinem Abteilungsleiter, der sich die Namen seiner Angestellten soufflieren lassen muß, eine billige goldene Uhr in die Hand gedrückt und ist damit entlassen. Fristlos, wie alle anderen Ausländer auch. Henri ist Franzose.

Henri steht unschlüssig vor einer Telefonzelle und blättert in seinem Adreßbuch. Es ist weitgehend leer, hinter der einzigen Eintragung befindet sich ein schwarzes Kreuz.

Henri beschließt sich umzubringen. Doch seine hilflosen Selbstmordversuche scheitern. Einmal hält die Decke im Flur nicht das, was sie verspricht. Der Haken bricht heraus und vereitelt Henris Plan, sich zu erhängen. Dann wieder streiken die Gaswerke, gerade als er den Kopf in die Backröhre gelegt hat.

JEAN-PIERRE LÉAUD UND SERGE REGGIANI MIT DEM REGISSEUR. IM HINTERGRUND VIC'S FRENCH HAMBURGER BAR, DIE REGGIANI IN DEM FILM BETREIBT.

Da springt Henri ein Wort aus einer Schlagzeile an: *Berufskiller*. Von einem Taxifahrer läßt sich Henri zu einem Lokal fahren, in dem sich die Unterwelt trifft. Dort schließt er einen Vertrag. Er heuert einen Killer an, der ihn umgehend ins Jenseits befördern soll. Wer der Killer sein wird, weiß er nicht. Zum Abschied läßt er sich von seinen zwei neuen Freunden, den Ganoven Pete und Al, zu einem Ginger Ale überreden. Doch ihre frommen Argumente vermögen Henri nicht von seiner Absicht abzubringen. –

Pete: Warum willst du sterben, Henri? – Henri: Aus persönlichen Gründen ... – Al: Aber das Leben ist doch schön ... – Pete: Es ist ein Geschenk des Herrn. – Al: Denk an die Blumen und die Tiere und die Vögel (...) – Henri: Ihr begreift das nicht ... Ich habe meine Arbeit verloren. – Al: Na und, besorg dir eine neue. – Pete: Wir arbeiten doch auch nicht ... –

Während Henri in seiner kleinen Wohnung tatenlos auf seinen Killer wartet, fällt sein Blick auf den Pub auf der anderen Straßenseite. An der Haustür hinterläßt er eine Nachricht für seinen Killer und betritt zum ersten Mal in seinem Leben *The Warwick Castle*. Er trinkt einen doppelten Whiskey und raucht eine Zigarette nach der anderen. Zum ersten Mal in seinem Leben findet er den Mut, dem anderen Geschlecht ins Auge zu sehen: Er spricht die weißblonde Rosenverkäuferin Margaret an. Er läßt sich ihre Adresse geben. Zum Abschied drückt sie ihm einen lippenstiftschweren Kuß auf die Stirn.

Als Henri nach Hause geht, sieht er, daß der Zettel mit der Nachricht weg ist. Dann hört er schwere Schritte im Treppenhaus ...

Henri rennt um sein Leben. Er flüchtet zu Margaret. Henri will nun nicht mehr sterben. Margaret holt aus Henris Wohnung ein paar Sachen, ohne zu ahnen, daß Henris Killer sie beobachtet.

Henri will den Vertrag mit seinem Killer kündigen. Doch als er die dunkle Gegend erreicht, muß er feststellen, daß der ganze Häuserblock mitsamt des Stammlokals der Unterwelt abgerissen worden ist.

Beim Poker mit Margaret verliert Henri haushoch. Während Henri um die Ecke Zigaretten holen geht, verschafft sich der Killer Eintritt in Margarets Wohnung. Im Wohnzimmer warten beide schweigend auf Henris Rückkehr. Als Henri zur Tür hereintritt, nutzt Margaret die Gelegenheit, um beherzt eine schwere, violette Vase auf dem Schädel des Killers zu zertrümmern. Das Paar flieht und versteckt sich in einem Hotel.

Derweil geht Henris Killer zum Arzt. Auf sanften Druck hin eröffnet Frank, der Arzt, ihm, daß er im günstigsten Fall noch zwei Monate zu leben hat.

In einem Pub mit Lifemusik sieht Henri zufällig Pete und Al aus der *Honululu-Bar* wieder. Er rennt ihnen hinterher in ein Juweliergeschäft und wird Zeuge eines Überfalls. Versteinert beobachtet er, wie sich ein Schuß löst, und rührt sich auch nicht von der Stelle, als ihm einer der flüchtenden Ganoven die Tatwaffe in die Hand drückt.

Am nächsten Morgen prangt Henris Foto auf der Titelseite aller großen Zeitungen: *Juwelier kämpft um sein Leben. Räuber immer noch auf freiem Fuß*.

Margaret findet im Hotel einen Brief vor, liest ihn und fängt lautlos an zu weinen.

**KENNETH COLLEY
BEHERRSCHT DIE KUNST,
EINEN SCHLUCK BIER
NATÜRLICH ZU TRINKEN ...**

Eines Abends, als Margaret nach einem langen Tag ins Hotel zurückkehrt, erzählt ihr der alte Mann an der Rezeption, daß er Henri gesehen habe, in einer Imbißbude nahe des Friedhofes. Währenddessen wartet der Killer auf der gegenüberliegenden Straßenseite. Margaret macht sich schön und nimmt ein Taxi. Als sie geht, ist der Tresen in der Eingangshalle verwaist. In Vics Imbiß bestellt Margaret die Spezialität des Hauses: einen French Hamburger. Er wird ihr von Henri gebracht. Nach einigem Zögern willigt Henri ein: sie werden fliehen, zuerst nach Frankreich.

– Henri: Willst du deine Heimat verlassen? – Margaret: Die Arbeiterklasse kennt kein Vaterland. – Henri: Also gut. –

Unterdessen hat der Killer seiner Tochter barsch seine restlichen Ersparnisse in die Hand gedrückt und sie weggeschickt. Am Bahnhof fällt Margaret eine Zeitung in die Hand. Die Polizei hat Al und Pete mit dem Schmuck geschnappt. Henris Unschuld ist bewiesen.

Gerade als Vic und Henri sich voneinander verabschieden, betritt der Killer den Imbiß. Henri entwischt durch die Hintertür. Der Killer hinterher. Schließlich stehen sie sich gegenüber. Killer: Krebs ... In ein paar Wochen bin ich hinüber. – Henri : Das tut mir leid. – Killer: Wieso? Dann komm ich endlich weg hier. – Henri: Gefällt es Ihnen hier denn nicht? – Killer: Nein, ich bin ein Verlierer. – Henri: Diesmal haben sie gewonnen. – Killer: Das glauben Sie. Das Leben ist eine Enttäuschung. –

Im nächsten Moment zieht der Killer langsam seine Pistole aus der Manteltasche, richtet sie auf Henri. Dann erschießt er sich selbst. Margaret eilt in einem Taxi zu Henri. Plötzlich bremst das Taxi. Quietschende Reifen. Margaret schlägt die Hände vor dem Gesicht zusammen. Der Wagen hält wenige Zentimeter vor dem stocksteifen Henri.

Vic schaut im Imbiß durchs Fenster zu und putzt nachdenklich seine Brille.

DER FILM

I Hired a Contract Killer ist im Frühjahr 1990 entstanden im Londoner Stadtteil East-End, dem der Ruf des Verfalls und des Verbrechens vorauseilt. Geprägt haben das East-End die verschiedenen Einwanderer, die im Laufe des Jahrhunderts ihr Glück in London suchten. Heute sind es überwiegend Inder und Pakistani, die hier zu Hause sind. In der *Whitechapel Road* nutzt Kaurismäki das *Towerhouse*, früher eine billige Unterkunft für Gelegenheitsarbeiter, heute eine heruntergekommene Läusepension für all jene, die sonst auf der Straße übernachten. Das *Towerhouse* nennt der Regisseur *Hotel Splendide* nach seinem Lieblingshotel in Paris. Es ist das Hotel, in dem Henri und Margaret sich verstecken. Es ist nicht nur der erste Film, den Aki Kaurismäki außerhalb Finnlands drehte, sondern bislang auch der einzige, in dem er ausschließlich mit nicht-finnischen Schauspielern arbeitete.

Die Idee für das Drehbuch verdankt Aki Kaurismäki Peter von Bagh. Der finnische Filmkritiker sei in sein Büro geschneit und habe auf einen Notizzettel geschrieben: Mann schließt

... BEWEGUNGEN, KOORDINATION, RHYTHMUS ALLES INKLUSIVE

Vertrag mit einem Killer, der ihn umbringen soll, überlegt es sich dann doch anders. Der Plot ist in der Literatur nicht neu. Bereits im 19. Jahrhundert hat Jules Verne in seinem Abenteuerroman *Die Leiden eines Chinesen in China* (*Les Tribulations d'un Chinois en Chine*, 1879) seine lebensmüde Hauptfigur einen Vertrag mit seinem Mörder schließen lassen. Auch auf der Leinwand machten sich dann etliche potentielle Selbstmörder auf die Suche nach ihrem Mörder, so Heinz Rühmann in Robert Siodmaks *Der Mann, der seinen Mörder suchte* (1931) oder Jean Pierre Belmondo in Philippe de Brocas *Die tollen Abenteuer des Monsieur L* (1965). Deshalb ist es um so erstaunlicher, daß ein junger Berliner Filmautor Aki Kaurismäki bezichtigte, ihm sein Drehbuch gestohlen zu haben. Der Berliner zog vor Gericht. Die Klage wurde im Januar 1993 als unbegründet abgewiesen.

So sehr der Film auch sein Elixier aus dem Drehbuch zieht, so sehr lebt er auf der anderen Seite von seinen Schauspielern. Als sei er eine Figur aus einem Jean-Pierre-Melville-Film, wird der bühnenerprobte Brite Kenneth Colley als Blut hustender Killer seinem Opfer immer ähnlicher. Nur sein Ehrenkodex, der ihn nach perfekter Erfüllung seiner Aufträge streben läßt, wiegt – wenigstens zunächst – schwerer als die Sympathie, die er seinem Opfer Henri entgegenbringt.

Mit der Besetzung von Henri mit Jean-Pierre Léaud hat Aki sich wahrscheinlich einen Traum erfüllt. Seine Bewunderung für ihn wog einmal so stark, daß er Léauds Schauspielkunst schamlos imitierte. Damals war Aki dreiundzwanzig Jahre jung und mimte die Hauptfigur in *Der Lügner*. Und er mimte gut: *Der Lügner* gilt als finnisches Pendant zu *Außer Atem* (*A Bout de Souffle,* 1960).

32 Jahre, nachdem Jean-Pierre Léaud 1959 zum ersten Mal als Antoine Doinel in François Truffauts *Sie küßten und sie schlugen ihn* (*Les quatre cents coups,* 1959) auf der Leinwand zu sehen war, hat Léaud gelernt, sich unsichtbar zu machen. Die Augen aufgerissen wie einst Buster Keaton, in eine Aura clownesker Einsamkeit gehüllt, strauchelt Léaud vor seinem krebskranken Killer durch Londons abbruchreife Suburbs, wo es immer kurz vor der Morgendämmerung ist. Henris Rettung Margi Clarke bringt die Farbe Rot in den Film, ein Signal, das für Henri die Weichen neu stellt. Wie eine Fackel sieht sie aus, diese Frau mit der hellen Haut und den rot-geblümten Kleidern, dem fast weiß getönten Schopf und den tiefroten Rosen, die sie mitternächtlich an schuldbewußte Ehemänner verkauft. Margi Clarke lernte die beiden Kaurismäki-Brüder eher zufällig kennen. Der Zufall wollte es, daß alle drei

in dem selben Berliner Hotel nächtigten, als Margi Clarke ihren Film *Brief an Breshnjew* (1985) auf der Berlinale vorstellte. Sie trafen sich – wo auch sonst – an der Hotelbar und verstanden sich gut. Mika Kaurismäki engagierte die Britin für seinen Film *Helsinki Napoli* (1987). Und bald darauf tat Aki es ihm nach.

Die englische Schauspielerin ist ein Kind aus Liverpool, die das Herz auf der Zunge trägt. So gab sie in einem Interview bereitwillig preis, daß sie vor den Dreharbeiten nie von Jean-Pierre Léaud oder François Truffaut gehört hatte. Überrascht war sie wohl auch, als Aki Kaurismäki ihr freundlich zu verstehen gab, daß er keinerlei Schauspielerei von ihr erwarte. Seine Parole lautete »No acting!« Damit galt für sie und für alle anderen, die Ursprünge des Films, den Stummfilm, neu zu entdecken.

Kaurismäkis besondere Liebe gehört den Figuren am Rande: den Portiers und Barkeepern, den Verkäuferinnen und Musikern. Liebevoll besetzt ist der Gitarrist mit Joe Strummer, dem Lead-Sänger der Punkband *The Clash,* den Kaurismäki in die Nachfolge von Elvis Presley stellt. Kaurismäkis letzte Liebe gilt Vic, dem Imbißbudenbesitzer, gespielt von Serge Reggiani, der männlichen Legende des französischen Films, der in Jacques Beckers *Casque d'or* (1952) an der Seite von Simone Signoret seine beste Rolle spielte. Ihm und der Geschichte des Kinos widmet Kaurismäki seine letzte Einstellung.

Die Räume, in denen der Film spielt, sind in stumpfen Blau- und Grüntönen gestrichen. Manchmal wirkt es, als habe Kaurismäki einen Farbfilm in Schwarzweiß zu drehen versucht, entsprechend der vorherrschenden Tristesse und der Einsamkeit der Figuren. Die Farben sind im Laufe der Zeit ausgeblichen und tendieren zum Grau. Gegen das verwaschene Blaugrau und das fahle Blaugrün bilden die roten Farbakzente Markierungszeichen und Orientierungshilfen einer ausgefeilten Farbdramaturgie. Henris Glück namens Margaret hebt sich in seiner dunklen Blau-Grün-Welt ab durch eine unglaublich blaue Bluse oder einen leuchtend roten Frotteemantel. Gewidmet ist diese triumphale Farbglut den Filmen von Michael Powell.

Virtuos bewegt sich Kaurismäki zwischen bleierner Tragik und lakonischem schwarzen Humor. Dabei gelingt es dem Regisseur und seinem Kameramann Timo Salminen, die tristen Vorstadtwelten, die regennassen Straßenschluchten, verrauchten Kneipen und armseligen Appartements stilsicher einzufangen.

I Hired a Contract Killer, der 1990 auf den Filmfestspielen in Venedig uraufgeführt wurde, ist eine witzige, spielerische Auseinandersetzung mit dem *Film Noir*.

HENRI BOULANGER (JEAN-PIERRE LÉAUD) IST ÜBERFLÜSSIG GEWORDEN. SELBST ALS SEIN SCHREIBTISCH SCHON ABTRANSPORTIERT IST, HAT ER IMMER NOCH NICHT BEGRIFFEN, DASS ER GEHEN MUSS.

DIE SCHRITTE DES KILLERS AUF DEM DACH.
PORTOBELLO ROAD.

HENRI BOULANGER GRAUST ES VOR SICH SELBER.
IM BETT MARGI CLARKE.

JEAN-PIERRE LÉAUD.

AUF SEINER SUCHE NACH EINEM MÖRDER GERÄT HENRI IN DIE STAMMLOKALE DER UNTERWELT.
SZENENAUFBAU DER HONOLULU BAR, EAST END.

**DIE HONULULU BAR. HENRI MIT ZWEI KLEINEN GANOVEN
(CHARLES CORK UND NICKY TESCO).**

HENRI AUF DER SUCHE NACH EINEM SCHLAFPLATZ.

»SETZ DICH!« »WARUM?« »WEIL ICH ES SO WILL.« NACHDEM ER DEN ERSTEN WHISKY SEINES LEBENS GETRUNKEN HAT, WIRD HENRI VÖLLIG RÜCKSICHTSLOS. IHN ERFASST EINE NIE GEKANNTE HANDLUNGSWUT.

EIN EINSAMER MANN AUF DEM WEG ZUR ARBEIT.
ER KANN SICH NICHT NATÜRLICH BENEHMEN, AUCH IN DER U-BAHN NICHT.

**NIRGENDS BESSER ALS HINTER DEM FRIEDHOF KÖNNEN SIE DIE ZUKUNFT PLANEN.
SIE BESCHLIESSEN, AUF DEN KONTINENT ZU FLÜCHTEN.**

DIE BELEUCHTER PANDA HOFFMANN UND PUMMEL KLUGE.
EAST END, LONDON.

MARGI CLARKE SCHLÄGT EINE ÄNDERUNG
DES MANUSKRIPTS VOR. DER REGISSEUR
TUT SO, ALS WÜRDE ER IHR ZUHÖREN.

DAS LEBEN DER BOHEME

Das Leben der Boheme
La Vie de Bohème
1992 • Spielfilm
100 Minuten • Schwarz-Weiß • 35 mm
Produktion: Sputnik Oy / Aki Kaurismäki in Zusammenarbeit mit Pyramide Productions • Films A 2 • The Swedish Film Institute • Pandora Film
Darsteller: Matti Pellonpää (Rodolfo) • Evelyne Didi (Mimi) • André Wilms (Marcel) • Kari Väänänen (Schaunard) • Christine Murillo (Musette) • Jean-Pierre Léaud (Blancheron) • Laika (Baudelaire) • Carlos Salgado (Barmann) • Alexis Nitzer (Henri Bernard) • Sylvie van den Elsen (Madame Bernard) • Gilles Charmant (Hugo) • Dominique Marcas (Frau im Second Hand Laden) • Samuel Fuller (Gassot) • Jean-Paul Wenzel (Francis) • Louis Malle (Gentleman) • André Penvern (Polizeiinspektor) • Maximilien Regiani (Arzt) • Daniel Dublet • Philippe Dormoy (Polizisten) sowie Louis Delamotte • Kenneth Colley • Joelle Jacquet & Michel Jacquet • Antonio Olivares • Hélène Brousse • Sanna Fransman • Monique Goury • Jacques Cheuiche • Simon Murray • Mark Lavis • Irmeli Debarle • Jacques Leabold • Jean-Bernard Mateu • Jean-Luc Abel • Gilles Charmant & Christian Ehrhart & Gilles Sacuto & Pierre-Yves Parrinet & Veikko Nieminen • Alain Sakhanowsky & Andree Saldo & Karine Arsène & Konsta Väänänen

Buch: Aki Kaurismäki
nach einem Roman von Henri Murger: *Scènes de la vie de bohème* (1851)
Kamera: Timo Salminen
Ton: Jouko Lumme • Timo Linnasalo
Schnitt: Veikko Aaltonen
Ausstattung: John Ebden
Bauten: Heikki Ukkonen • Mark Lavis
Kostüme: Simon Murray
Produktionsassistenz: Christine Vitel • Haije Alanoja
Scriptgirl: Haije Alanoja
Regieassistenz: Pauli Pentti • Nathalie Herr • Gilles Charmant
Musik: Damia • Little Willie John • Sacy Sand • Mauri Sumén • Serge Reggiani • Georges Ots • Piotr Tschaikowski • Toshitake Shinohara • The Fake Trashmen etc.
Mischung: Tom Forsström / SES Sound
Herstellungsleitung: Gilles Sacuto • Raili Salmi

DIE GESCHICHTE

In den nächtlichen Straßen von Paris sucht ein Mann zwischen Mülltonnen nach Leergut. Er strauchelt, fällt hin und blutet.

Mit zwei leeren Flaschen schleppt er sich in eine Bar. Er bekommt ein fingerhutgroßes Glas mit Rotwein. Es ist der Schriftsteller Marcel, dem es nicht gelingen will, für sein Epos *Der Rächer: Ein Drama in 21 Akten* einen Verleger zu finden.

Marcel am nächsten Morgen in seinem Appartement. Das Wasser ist längst abgestellt. Gerade will er zur Türe hinausgehen, als sein Blick auf den Räumungsbescheid an der Wand fällt. Rasch stellt er seine Schreibmaschine auf den Hof und packt ein frisches weißes Oberhemd in seine Tasche. Vor dem Haus erwartet ihn sein Vermieter Mr. Bernard in Begleitung von Hugo, der einem Bluthund mehr als einem Menschen ähnelt. Der will nur noch eine Formalität regeln: Die Miete der letzten drei Monate. Marcel gelingt es zu entkommen.

Ein Lastwagen fährt vor. Zwei Männer tragen ein Klavier. Der neue Mieter. Mr. Bernard schwant Furchtbares. Und tatsächlich, sein neuer Mieter Schaunard ist Komponist. Da kommt seine Frau herbeigeeilt mit einem Brief, Absender das Kriegsministerium. Bernard ist hocherfreut, hofft auf den lang ersehnten Rentenbescheid: *Sehr geehrter Monsieur Bernard,*

**DIE BOHEMIENS MACHEN EINEN AUSFLUG AUFS LAND.
DIE SZENE IST EIN DIREKTES ZITAT AUS *CASQUE D'OR,* DEM MEISTERWERK VON JACQUES BECKER.
MATTI PELLONPÄÄ (RODOLFO) UND EVELYNE DIDI (MIMI).**

die Höflichkeit gebietet mir, Ihnen kundzutun, daß ich mich in die grausame Notlage versetzt sehe, der Gewohnheit, Miete zu zahlen, zumal wenn man sie schuldig ist, nicht entsprechen zu können. Bis heute früh hatte ich mich in der Hoffnung gewiegt, diesen wunderschönen Tag mit der Bezahlung der ausstehenden drei Mieten begehen zu können. Was für ein Trugbild! Während ich auf den Daunen einer trügerischen Sicherheit schlummerte, hat mich das Unglück – griechisch »Ananke« benannt – ereilt und meine Hoffnungen zerstört. Es folgen weitere eloquent formulierte Sätze, mit denen Marcel Marx schließlich das kostbare Interieur der Obhut des Herrn Bernard anvertraut und dem Vermieter kraft seiner Unterschrift das großartige Gehäuse, in dem er selbst einst wohnte, zur freien Verfügung anheimstellt.

Marcel betritt ein Restaurant, setzt sich zu einem Herrn an den Tisch und bestellt zwei halbe Forellen. Zwei halbe Forellen sind in der Regel mehr als eine ganze, fügt er erläuternd hinzu. Als seinem Tischgenosse die letzte Forelle serviert wird, will dieser seine Mahlzeit mit dem hungrigen Marcel teilen. – Mann: Darf ich Sie bitten, diese Portion mit mir zu teilen? – Marcel: Ich will Sie doch nicht Ihres Teiles berauben, werter Herr ... – Mann: Sie wollen mich also des Vergnügens berauben, Ihnen eine Freundlichkeit erweisen zu dürfen? – Marcel: Na, wenn dem so ist, mein Herr, in diesem Fall ... – Die Forelle hat zwei Köpfe.

Der freundliche Tischnachbar ist Rodolfo, seines Zeichens Maler aus Albanien. Die beiden unterhalten sich angeregt über Malewitsch, der das Totenglöckchen für die Malerei, und über die Wiener Schule, die das nämliche für die Musik geläutet habe ... Sie beschließen, den Abend bei Marcel mit einer Flasche roten Weines fortzusetzen.

Aus dem Appartement, das Marcel für das seine hält, erklingt Klaviermusik. Marcel ist verwirrt, erkennt er doch an dem Herrn, der sich als sein Wohnungsnachfolger vorstellt, seinen Hausmantel wieder. Auch die türkischen Pantoffeln, ihm verehrt von einem werten Freund, sind ihm untrügliches Zeichen dafür, daß er der rechtmäßige Eigentümer mindestens der Möbel ist. Rodolfo schlägt vor, die Aufklärung der Dinge zu befeuchten. Und dann sprechen sie zu dritt dem Geist des Weines zu und natürlich über die Kunst.

Der Zug durchs rote Meer, Rodolfos Meisterwerk, ist fast beendet, da sind die Farbtuben leer. Von der Müllabfuhr läßt sich der Maler bis zu Marcels neuer Wohnung mitnehmen. Marcel ist verhindert, gerade hat er Musette kennengelernt, nein, die könne er nicht um Geld bitten. Auf der Straße trifft Rodolfo einen alten Bekannten, der ihm Geld schuldet. Ungeduldig wartet dieser auf ein schönes Mädchen. Eilig gibt er Rodolfo seinen Ehering zum Verpfänden.

Auf die Frage der alten Dame im Trödelladen, ob er den Ring nicht doch lieber behalten wolle, erzählt Rodolfo mit unbewegter Miene eine bewegende Geschichte. – Frau: Und wenn sie zu Ihnen zurückkommt, und Sie den Ring nicht mehr haben? – Rodolfo: Sie kommt nicht zurück ... Sie ist mit einem Amerikaner durchgebrannt; der Mann hat einen Cadillac. Mir tun nur die Kinder leid, sie sind bei mir geblieben, und das Geld will nicht reichen, um sie zu ernähren ... nachts weinen sie vor Hunger ... – Frau: Wie alt sind die Kleinen denn? – Rodolfo: Vierzehn, neun, sieben, sechs, drei, zwei, eins, und das Jüngste ist erst sechs Monate alt. – Frau: Das sind aber viele. – Rodolfo: Wir waren jung und verliebt ... Es war Frühling ... –

Statt sein Geld in Farben umzusetzen, geht Rodolfo in einen Musikclub. Dort trifft er zufällig auf Schaunard, dem er gesteht, sich wenige Minuten zuvor unsterblich in eine unbekannte Schöne verliebt zu haben. Schaunard verspricht bei der schönen Unbekannten die Leidenschaft zu entflammen, für seinen Freund natürlich. Angesichts der Dame vergißt Schaunard ganz offensichtlich den Zusatz – und seinen Freund dann selbst wohl auch.

Als Rodolfo notgedrungen allein nach Hause geht, trifft er auf Mimi, die, während sie auf ihre Freundin wartete, im Hausflur auf ihrem Koffer eingeschlafen ist. Die Freundin ist verhaftet, das Warten sinnlos. Mimi erkundigt sich nach Rodolfos Charakter und nimmt dann sein Angebot an, in seinem Zimmer zu nächtigen.

Mimi: Sagen Sie mir, sind Sie ein echter französischer Gentleman? – Rodolfo: Nein ... das heißt schon, aber kein französischer, ein albanischer Gentleman. – Mimi: Das muß genügen. –

Sie übernachtet in seinem Zimmer, während Rodolfo mit seinem Hund Baudelaire angeblich bei einem Freund schläft.

**MIMI FREUT SICH ÜBER DEN STRAUSS WELKER ROSEN,
DEN RODOLFO SICH VOM GRAB HENRI MURGERS GELIEHEN HAT.**

Als Rodolfo, der die Nacht auf dem Friedhof verbrachte, Mimi am nächsten Morgen mit ein paar geklauten Blumen überraschen will, ist sie schon fort.

Rodolfo malt an einem Selbstporträt, Schaunard liegt auf dem Bett und liest Comics, als Marcel hereinstürmt, um sich Rodolfos schwarzes Jackett zu borgen. Unglücklicherweise ist es voller Farbflecke. Marcel ist verzweifelt, hat er doch am Nachmittag ein Gespräch mit dem einflußreichen Verleger Gassot, der ihm die Redaktion der Modezeitung *Die gegürtete Iris* in Aussicht gestellt hat. Als Retter in letzter Not erscheint der Zuckerfabrikant Blancheron in einem piekfeinen schwarzen Anzug. Er möchte sich porträtieren lassen. Marcel überredet ihn, dazu einen Hausmantel anzulegen, und entführt unterdessen seine schwarze Anzugjacke.

Gerade im rechten Moment kommt Marcel mit der schwarzen Jacke zurück. Er lädt seine Freunde zum Essen ein. Marcels Gespräch verlief erfolgreich, und der Verleger zeigte sich mit seinem Vorschuß mehr als großzügig. Die Freunde fangen an zu träumen ... von großen Autos, großen Wohnungen und Dienern, die gleichzeitig Köche sind ...

Rodolfo geht Zigaretten holen und trifft in einer Stehkneipe Mimi wieder. Er begleitet Mimi nach Hause.

Mimi: Das ist nett von dir, daß du mich begleitest, aber ich wohne überhaupt nicht in dieser Gegend. – Rodolfo: Ich wünschte, du wohntest in Moskau, dann könnte ich länger in deiner Gesellschaft bleiben. – Mimi: Das wäre ein bißchen weit. – Rodolfo: Wir könnten über den Boulevard hingehen. –

Von dem Geld, das Rodolfo von dem Zuckerfabrikanten bekommen hat, kauft er sich auf dem Flohmarkt eine neue Jacke, das erste Portemonnaie seines Lebens und lädt Mimi in ein teures Lokal ein. Als er die Rechnung begleichen will, muß er feststellen, daß ihm seine neue Geldbörse gestohlen wurde. Die Polizei kommt und überprüft Rodolfos Papiere. Ein Herr vom Nebentisch ist unterdessen so freundlich, für die ausstehende Rechnung aufzukommen. Mimi verabschiedet sich, sie muß zur Arbeit. Rodolfo muß mit auf die Wache. Ihm wird eröffnet, daß er sich seit drei Jahren ohne gültige Papiere in Frankreich aufhalte, weshalb er umgehend abgeschoben werde. Gerade noch gelingt es ihm, seinem Freund Marcel Bescheid zu sagen.

Es ist Frühling geworden. Schaunard ergeht sich in Frühlingsgefühlen und ist sicher, dieses Mal seine Julia gefunden zu haben. Die Geschäfte *Der gegürteten Iris* dagegen laufen schlecht. Da klingelt das Telefon. Marcel und Schaunard brechen auf in Richtung Grenze.

An der Grenze taucht ein vollbepackter Trabi auf, aus dem Kofferraum klettert Rodolfo. Er verabschiedet sich ebenso herzlich von seinen Mitfahrern, wie er seine Freunde begrüßt. Am nächsten Tag sucht er Mimi. Die arbeitet nicht mehr in dem Tabakladen, kommt aber regelmäßig mit ihrem Freund Francis auf ein Glas. Als sie kommt, ist Rodolfo verschwunden. Er wartet im *Reliant Robin* mit seinen beiden Freunden auf der Straße. Mimi zögert nicht und tauscht den großen amerikanischen Straßenkreuzer ihres Francis gegen das Dreiradauto ein.

Rodolfo und Mimi wohnen jetzt zusammen. Es ist mal wieder Ebbe in der Kasse. Rodolfo beendet sein Meisterwerk und Mimi wünscht sich, es würde für die Miete reichen. Da kommt unverhofft Blancheron. Er sei nun Sammler. Ob Rodolfo nicht ein mittelgroßes Bild für ihn habe. Er ersteht *Der Zug durch das rote Meer* für 1200 Francs und zwei Opernkarten. Mimi und Musette werden sich in der Oper amüsieren. Noch einmal machen die Freunde gemeinsam einen Ausflug ins Grüne mit Picknick, Bootsfahrt und aller Romantik.

Mit Schimpf und Schande setzt Gassot Marcel auf die Straße und fordert unverzüglich sein Geld zurück. Gassot ist empört darüber, daß Marcel heimlich sein Theaterstück in der Zeitschrift abgedruckt hat. Zum Trost lädt Schaunard die Freunde zu sich nach Hause zum Essen ein. Zu einem Stück trockenem Baguette gibt es die neueste Komposition des Herrn Schaunard: *Der Einfluß des Blau auf die Künste* – ein modernes Stück für Klavier, Schraubenzieher und Stimme.

Musette gesteht Mimi in einem Café, daß sie Marcel verlassen wird. Noch heute. Er mache sich nur etwas aus Büchern. Er brauche sie nicht.

Auch Mimi verläßt Rodolfo, sie kann das Leben der Boheme nicht mehr ertragen.

Rodolfo leidet, Baudelaire – der Hund – und Marcel auch. Gemeinsam trinken sie und schweigen. Es wird Herbst. Die drei Freunde

MUSETTE (CHRISTINE MURILLO) ERZÄHLT MIMI VON IHRER ABSICHT, MARCEL ZU VERLASSEN.
DIESEM GELINGT ES NICHT, SICH ZWISCHEN IHR UND DER LITERATUR ZU ENTSCHEIDEN.

stehen vor einem Delikatessengeschäft, das Wasser läuft ihnen im Mund zusammen. Schaunard setzt ihr letztes gemeinsames Geld beim Poker aufs Spiel. Er gewinnt, es gibt ein großes Festmahl. Rodolfo und Marcel schweigen immer noch. Da kommt Mimi die Treppe hoch, schwach und frierend. Mimi hat Fieber. Rodolfo legt sie ins Bett und ruft einen Arzt. Der hat nicht viel Gutes zu berichten, ins Krankenhaus müsse sie und zwar sofort. Im Krankenhaus eröffnet der Arzt Rodolfo, daß Mimi nur noch wenige Monate zu leben habe, vielleicht schaffe sie es noch bis zum Frühjahr.

Die Freunde verkaufen ihre Habseligkeiten, Rodolfo seine Bilder, Schaunard sein Auto und Marcel seine Erstausgaben. So bekommt Mimi ihr Einzelzimmer.

Es wird Frühling. Mimi bittet Rodolfo den Vorhang zurückzuziehen und ihr ein paar Blumen zu pflücken. Als Rodolfo wiederkommt, ist Mimi gestorben.

DER FILM

Für den französischen Schriftsteller Henri Murger (1822-1861) war die Boheme, in der er selbst zu Hause war, »Probezeit des Künstlerdaseins«. Streng, aber nicht ohne Sentimentalität urteilte er über diese Lebensform, diesen dauernden fröhlichen Kampf gegen Schulden, Hunger und Kälte. Für Murger ist die Boheme eine Sackgasse, aus der man sich retten muß durch Flucht, Tod oder Erfolg.

Murgers Roman *Scènes de la Bohème* (1851) will Aki Kaurismäki bereits 1976 als kleiner Postangestellter gelesen haben. Sofort habe er sich entschlossen, den Roman zu verfilmen, habe dann aber feststellen müssen, daß seinem Vorhaben noch ein paar kleinere Probleme eher praktischer Natur im Wege gestanden hätten. Dieser Legende aus dem Kaurismäkischen Fundus folgt sogleich die nächste. In dem für den finnischen Regisseur typischen Understatement bringt er drei Gründe vor für sein »unverzeihliches Verbrechen«, ein Werk dramatisiert zu haben, das so echt sei wie das Leben selbst:

»Ich habe drei Entschuldigungen (würde ein Unschuldiger es für nötig halten, sich zu verteidigen?): 1. konnte ich Jacques Prévet nicht haben aus Gründen höherer Gewalt, 2. hatte ich bereits Meisterwerke von Dostojewski und Shakespeare so rüpelhaft verunstaltet, daß ich dachte, man würde mir sowieso nie mehr verzeihen, und 3. wollte ich mich an Puccini rächen, der von der Allgemeinheit für den Vater dieser großartigen Geschichte gehalten wird.

Meine Rache folgt einem diabolischen Plan: Indem ich ein schlechtes Drehbuch und einen entsprechenden Film mache, empöre ich die großen Massen zunächst und treibe sie dann zur Raserei. Die Empörung richtet sich natürlich gegen den Dilettantismus des Filmautors, und normalerweise wären Gleichgültigkeit, Ablehnung und Vergessen die Folgen. Doch abgefeimterweise – und das ist von größter Wichtigkeit – habe ich in den Film ein paar Szenen geschmuggelt, die durch alle visuelle Unbeholfenheiten hindurch ahnen lassen, das sie aus der Feder eines Größeren stammen müssen. Die engagiertesten – die wütendsten – der insgesamt vierzig Zuschauer werden das Original ausgraben, dessen Originalität erkennen, neue Ausgaben werden gedruckt werden, Murgers Name wird in aller Munde sein, Mimi wird neu erstehen ...«

Im Frühjahr 1991 schließlich drehte Kaurismäki in Paris *Das Leben der Boheme*, einen Film, der einmal *Mimi und Musette* heißen sollte, bevor sich der Regisseur entschloß, nicht von zwei Bohemiens, sondern von der Boheme als solcher zu erzählen.

Unter den Schauspielern treffen wir alte Bekannte wie Kari Väänänen und Matti Pellonpää wieder, der für seine Darstellung des Rodolfo 1992 mit dem europäischen Filmpreis *Felix* ausgezeichnet wurde. Mit seiner Darstellung des Marcel findet auch der hervorragende französische Theaterschauspieler und Chanson-

RODOLFO UND BAUDELAIRE BERATEN ÜBER DIE VERSORGUNGSLAGE.

sänger André Wilms Eingang in internationale Künstlerfamilie, die die Brüder Aki und Mika Kaurismäki um sich versammelt haben. André Wilms wird dem finnischen Regisseur treu bleiben und zwei Jahre später eine Rolle in *Leningrad Cowboys meet Moses* übernehmen. Eine fruchtbare Verbindung ist Kaurismäki auch mit Gilles Charmant eingegangen, der im *Leben der Boheme* den blutrünstigen Geldeintreiber des Vermieters Mr. Bernard spielt und sich als Regieassistent verdient macht. In Charmants Spielfilm *Iron Horsemen* (1994) sind die Rollen vertauscht: Charmant schreibt das Buch und führt Regie, Aki ist in einer kleinen Rolle selbst zu sehen und fungiert als Produzent.

In den Nebenrollen der *Boheme* glänzen Jean-Pierre Léaud als Mäzen, Louis Malle als spendabler Gentleman und Sam Fuller als geldgieriger Verleger Gassot. Die Bilder des Maler Rodolfo stammen aus dem Pinsel der Malerin Paula Oinonen, der Frau des Regisseurs. Diese mimt zudem das schöne, blonde Mädchen, auf das ein Freund Rodolfos so ungeduldig wartet und für das er sich schnell noch seines Eherings entledigt. Und noch ein weiterer Gefährte aus dem Leben Aki Kaurismäkis taucht im Film auf: Akis Hund Laika in der Rolle des Baudelaire. Wie schon in vielen Filmen zuvor, entdeckt der aufmerksame Zuschauer in einer kleinen Nebenrolle schließlich den Regisseur persönlich. Aki Kaurismäki ist es, der dem armen Rodolfo mit geschickten Fingern im überfüllten Bus die Geldbörse entwendet.

Geradezu schwatzhaft ist dieser Kaurismäki geraten. Und dabei wird nicht finnisch geredet, sondern ein Französisch, das die Finnen sich in einem nur wenige Tage dauernden Crashkurs angeeignet haben. Und so spricht der albanische Maler Rodolfo (Matti Pellonpää) mit einem finnischen Akzent gedrechselte französische Sätze aus dem 19. Jahrhundert. Dazu bemerkt der Kritiker Andreas Kilb: »Die beiden finnischen Schauspieler sprechen noch schlechter französisch, als man es von einem Albaner oder einem Iren in Paris erwarten würde. Aber auch der Franzose André Wilms redet und bewegt sich nicht wie ein realer Charakter, sondern wie eine Figur aus einem Traum. Gerade deshalb sieht man den Dreien aufmerksamer und neugieriger zu als vielen Schauspielervirtuosen. Sie spielen das Leben der Boheme so, wie man eine verlorene, totgesagte Sprache übt. Jeder ihrer Sätze ist ein Andenken, jede ihrer Gesten eine Beschwörung, und ihr Schweigen ist das Schweigen der Erinnerung. Vielleicht ist alles, was sie in den knapp zwei Kinostunden ihrer Geschichte erhaschen, nur ein Schimmer, ein Hauch, ein Staubkorn jener wirklichen Boheme, die aus Paris längst genauso verschwunden ist wie aus London und Helsinki.«

Das längst vergangene Paris von René Clair, Jacques Prévet und Marcel Carné läßt Kaurismäki auferstehen im Pariser Vorort Malakoff. Immer wieder erinnern die Szenen an die französischen Melodramen der 30er Jahre, würden sie nicht gezielt durch minimale Abweichungen von den Genrekonventionen ironisch gebrochen. Kaurismäki spielt mit der Diskrepanz zwischen dem literarischen Stoff aus dem 19. Jahrhundert und dem heutigen Setting des Films und läßt den Zuschauer die Künstlichkeit des Boheme-Milieus durch eine fast graphische Stilisierung der Schwarzweiß-Bilder nie vergessen. So ist ein Film von Heute entstanden, der im 19. Jahrhundert spielt.

Kaurismäki läßt seinen Film mit einem Blues enden. Auch dieser Blues ist kein gewöhnlicher. Toshitake Shinohara, ein Freund des Regisseurs, singt ein melancholisches Japanisch, in dem man finnische Wortfetzen zu verstehen glaubt. Einmal mehr ist das *Das Leben der Boheme* eine universelle Geschichte über Freundschaften und Liebe, in der es keine Rolle spielt, welche Sprache gerade gesprochen wird.

Uraufgeführt wurde *Das Leben der Boheme* im Februar 1992 im Forum des Jungen Films im Rahmen der Berliner Filmfestspiele.

MARCEL UND RODOLFO BEWAHREN DIE JACKE DES ZUCKERFABRIKANTEN BLANCHERON (JEAN-PIERRE LÉAUD)
FÜR EINE BESSERE VERWENDUNG AUF. IM HINTERGRUND VOLLENDET SCHAUNARD (KARI VÄÄNÄNEN)
DIE MEISTERLICHE SINFONIE DER EINFLUSS DES BLAU AUF DIE KÜNSTE.

DIE TODKRANKE MIMI UNTERBRICHT DAS WEIHNACHTSMAHL DER BOHEMIENS, ALS SIE ZU RODOLFO ZURÜCKKEHRT.

DER VERLEGER (SAMUEL FULLER) ENTLÄSST MARCEL (ANDRÉ WILMS)
VON SEINEM POSTEN ALS CHEFREDAKTEUR DER MODEZEITSCHRIFT DIE GEGÜRTETE IRIS.
NICHT EIN EINZIGES MAL HAT ER EIN HEFT RECHTZEITIG FERTIGGESTELLT.

SAM FULLER UND AKI KAURISMÄKI SPRECHEN ÜBER RAOUL WALSH.

MIMI (EVELYNE DIDI) SAGT MARCEL (ANDRÉ WILMS) DIE WAHRHEIT ÜBER IHREN ZUSTAND,
WÄHREND RODOLFO EINEN ARZT HOLT.

**MIMI IST FORTGEGANGEN. NUR DER TREUE BAUDELAIRE (LAIKA)
LEISTET DEM IN DER LIEBE ENTTÄUSCHTEN RODOLFO GESELLSCHAFT.**

»ICH SEHNE MICH DANACH, ALLEIN ZU SEIN.«

THOSE WERE THE DAYS

Those were the days
1991 • Kurzfilm
5 Minuten • Schwarz-Weiß
Produktion: Sputnik Oy / Aki Kaurismäki
Darsteller: Silu Seppälä • Kirsi Tykkyläinen • Leningrad Cowboys
Buch: Aki Kaurismäki
Kamera: Timo Salminen
Ton: Jouko Lumme
Schnitt: Aki Kaurismäki
Musik: Trad. / Raskin

DIE GESCHICHTE

Paris 1994: Das waren noch Zeiten, als die *Leningrad Cowboys* mit Eseln die Welt eroberten. Das waren noch Zeiten, als sie den Eiffelturm bestaunten und die breiten Boulevards mit den feinen Cafés und Restaurants. Sie liefen sich Füße und Hufe wund, bis sie sich durchgefragt hatten zu dem einen Café mit der blonden Schönen und ihrem gealterten Elvis aus der heimatlichen Sippe der Schnabelschuhträger.

Mit etwas Glück trifft man sie noch heute, die durch Frankreich ziehenden Cowboys. Dieser hier ist jung und unschuldig wie sein Esel. Auch er fragt sich durch zu der Kneipe, wo sich seine Landsleute treffen. Dort erbarmt sich die blonde Wirtin seiner. Entzückt von der schönen dunklen Tolle und dem unschuldigen Augenaufschlag des jungen Reisenden gibt sie ihrem angetrauten Elvis-Verschnitt – der sich leider den alternden Elvis zum Vorbild nahm – den Ring zurück. Ihre unberingte Hand legt sie in die des Jungen und zieht ihn mit sich in die hinteren privaten Zimmer.

Elvis bleibt mit dem Esel vor verschlossener Tür zurück. Nur Wodka bleibt ihm nun zum Trost, und sein weißer Anzug mit den vielen glitzernden Nieten.

ELVIS FÜR ARME (MATO VALTONEN) MIT SEINER FRAU (KIRSI TYKKYLÄINEN).

JORE MARJARANTA (LINKS) UND SEIN SCHATTEN.

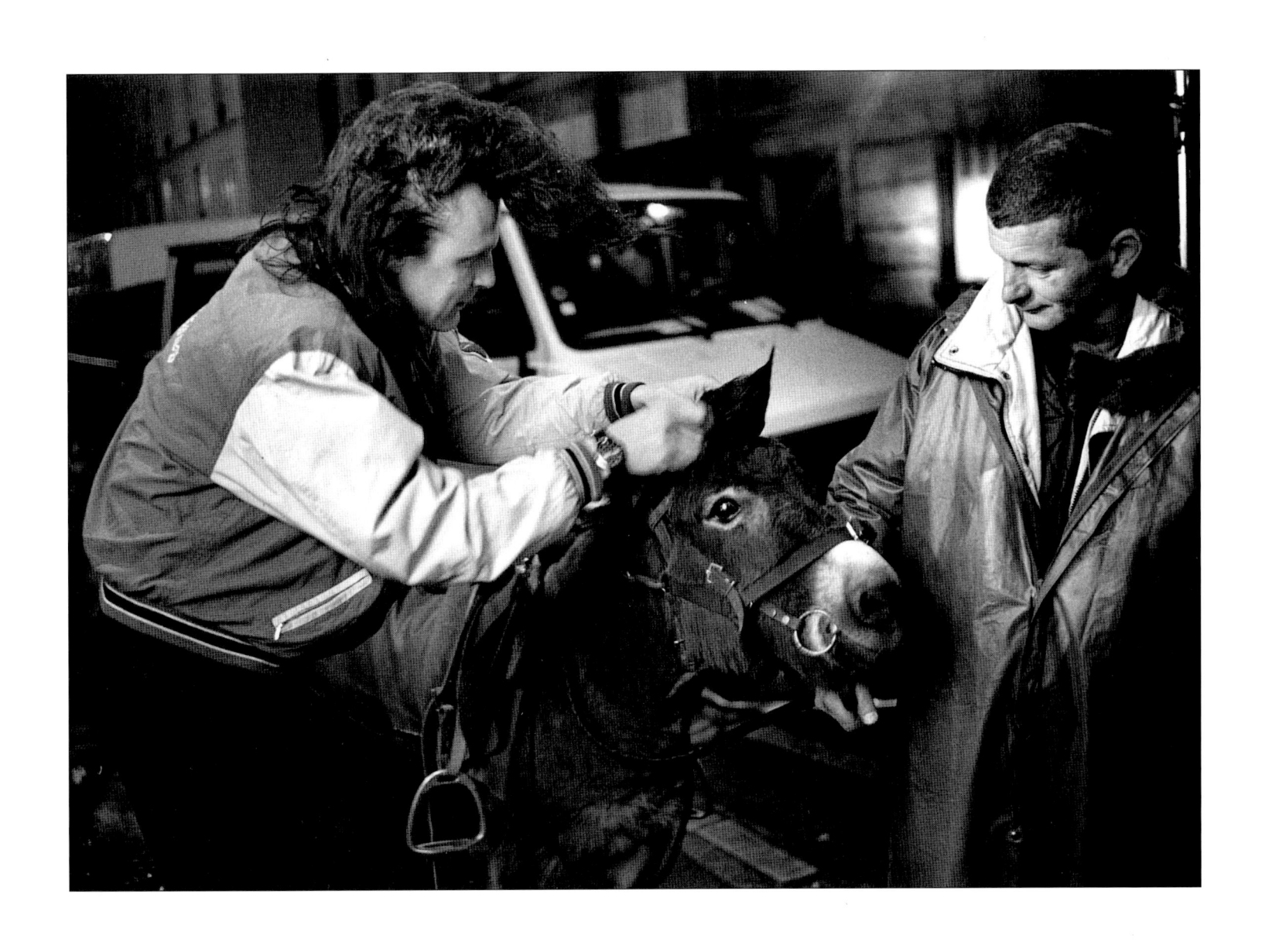

SAKKE JÄRVENPÄÄ MIT EINEM ESEL (MITTE) UND DESSEN BESITZER.

SILU SEPPÄLÄ ZIEHT MIT SEINEM ESEL DURCH PARIS. ES IST NACHT GEWORDEN, DOCH FÜR DEN RECHTSCHAFFENDEN GIBT ES KEINEN PLATZ IN EINER HERBERGE.

JORE MARJARANTA UND TWIST-TWIST ERKINHARJU.

THESE BOOTS

These Boots
1992 • Kurzfilm
4 Minuten • Farbe
Produktion: Sputnik Oy
Darsteller: Leningrad Cowboys
Buch: Aki Kaurismäki
Kamera: Timo Salminen
Ton: Jouko Lumme
Schnitt: Aki Kaurismäki
Musik: Lee Hazelwood

DIE GESCHICHTE

Im Krankenhaus erblickt ein neues Mitglied der Leningrad Cowboys das Licht der Welt. Für die Fährnisse des Lebens ist es von der Natur bestens ausgerüstet mit den obligatorischen spitzen Schuhen und einer Tolle, die ihresgleichen sucht.

Die Eltern, stolze Besitzer eben solcher Schnabelfrisuren, sind überglücklich. Sie nehmen den Kleinen in seiner Wiege mit nach Hause auf ihren einfachen Bauernhof. In der Schule entwickelt sich Sohnemann schnell zu einem Racker, der lieber an der Flasche als an den Lippen seines Lehrers hängt. Auch in der Sauna lassen sie ihn nicht los, die Schuhe und die Flasche. Die Flasche bleibt auch dann sein liebstes Spielzeug, als er eine schöne Blonde heiratet, die einst hinter dem Tresen stand.

Als der Opa stirbt, hat das Happy Together in der Großfamilie ein Ende, das Land kann die hungrigen Cowboys nicht mehr ernähren, und so zieht der Stamm der Cowboys in einem langen Treck fort, einer besseren Zukunft entgegen.

DER FILM

These Boots erzählt die Geschichte Finnlands zwischen 1952 und 1969 aus der Sicht eines Leningrad Cowboy. Es ist ein Film, der die Legende der Schnabelschuhträger aus dem hohen Norden weiterstrickt. Der Titel *These Boots* gab der dritten CD der Leningrad Cowboys ihren Namen. Es ist ein Song, dem die schlechteste Rock'n'Roll-Band der Welt eine völlig neue Interpretation abgerungen hat. Und tatsächlich, von der Wiege bis zur Bahre: die Cowboys wird man niemals barfuß sehen. Ihre Füße und ihre Schuhe sind eben nicht mit den Maßstäben deutscher Schuhverkäufer zu messen.

THESE BOOTS WURDE WURDE ALS KOMMERZIELLES VIDEO FÜR DIE *LENINGRAD COWBOYS* GEDREHT. DER FILM BESCHREIBT DIE VERÄNDERUNGEN IN EINER AGRARGESELLSCHAFT VON DEN FRÜHEN FÜNFZIGER BIS IN DIE SPÄTEN SECHZIGER JAHRE

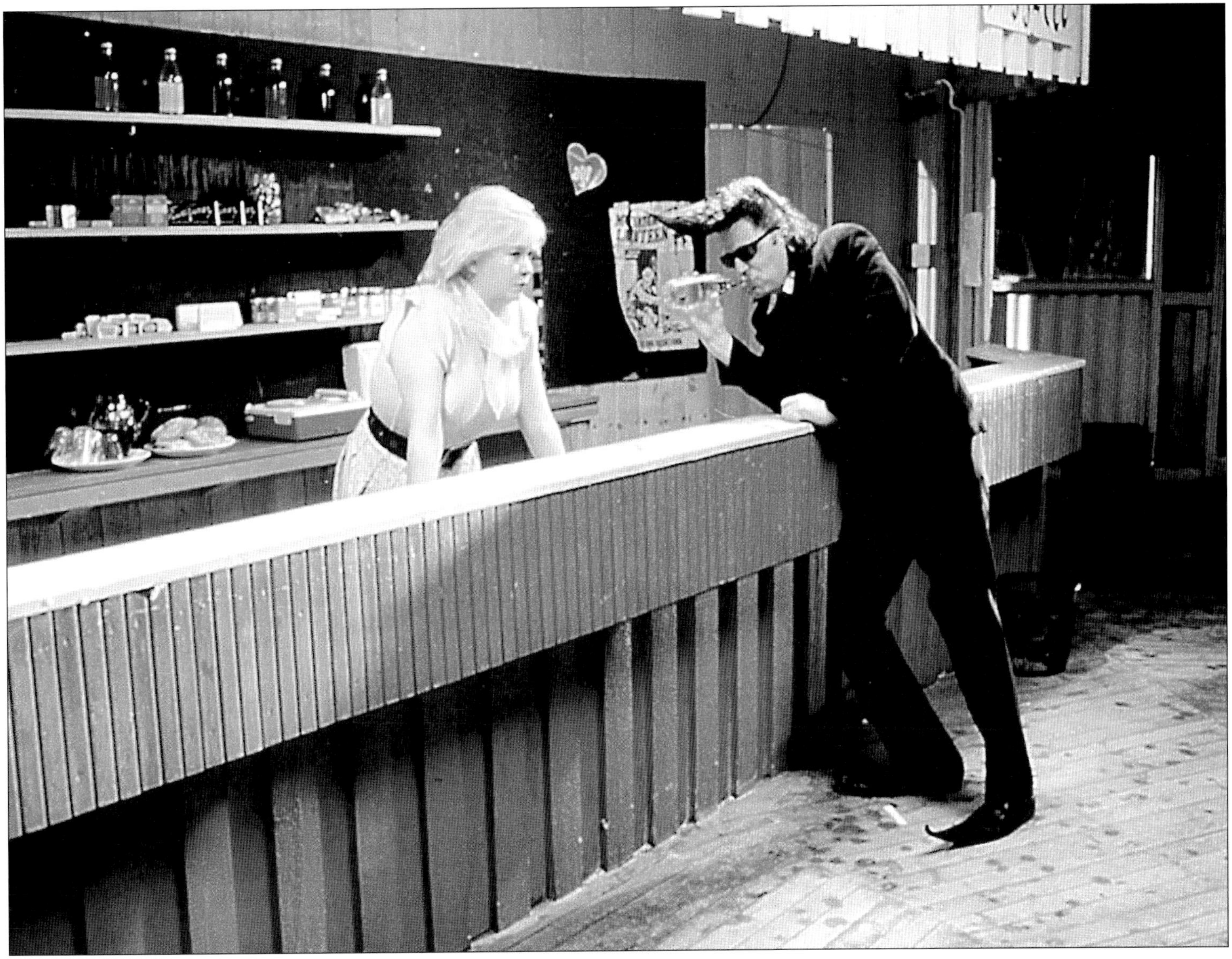

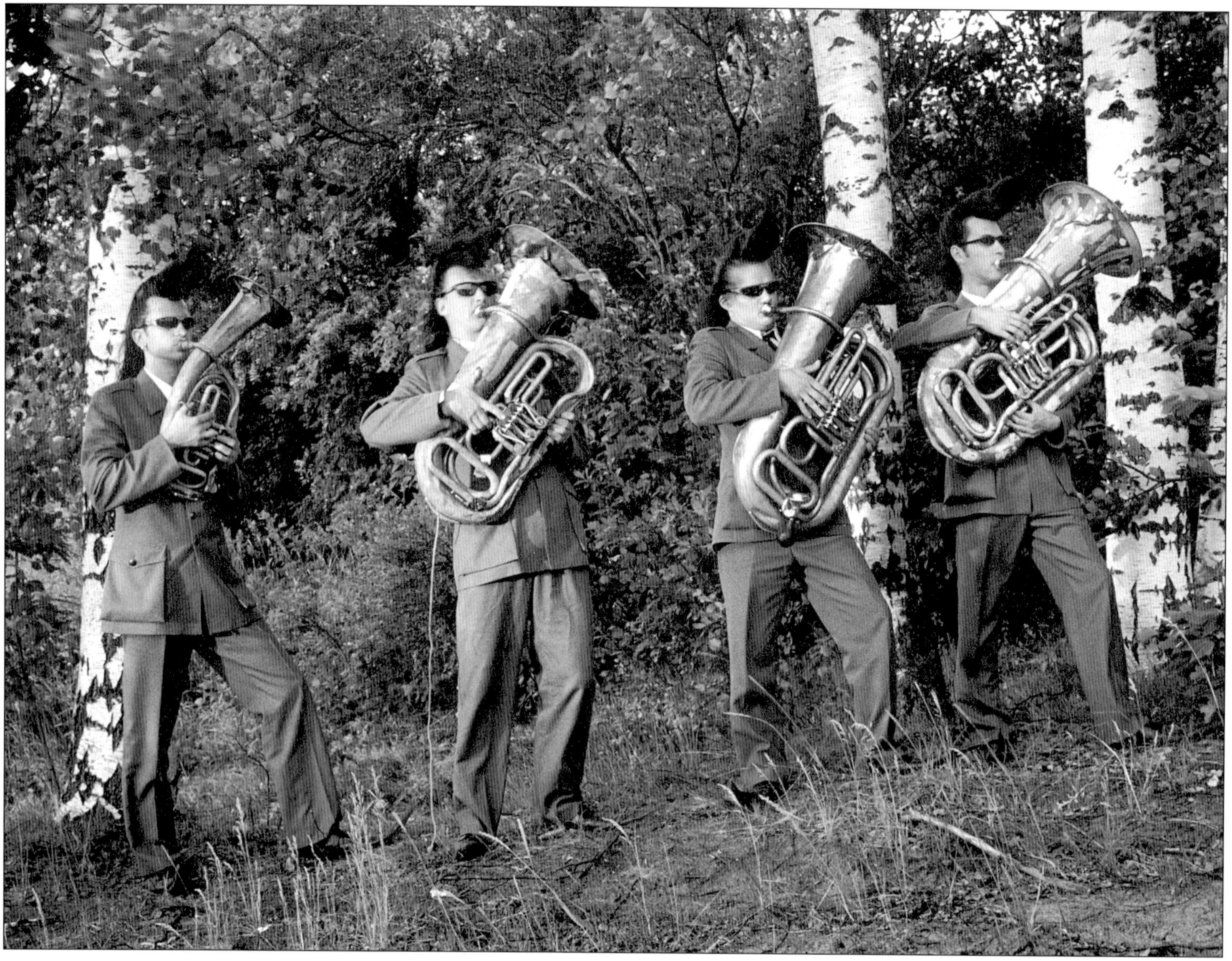

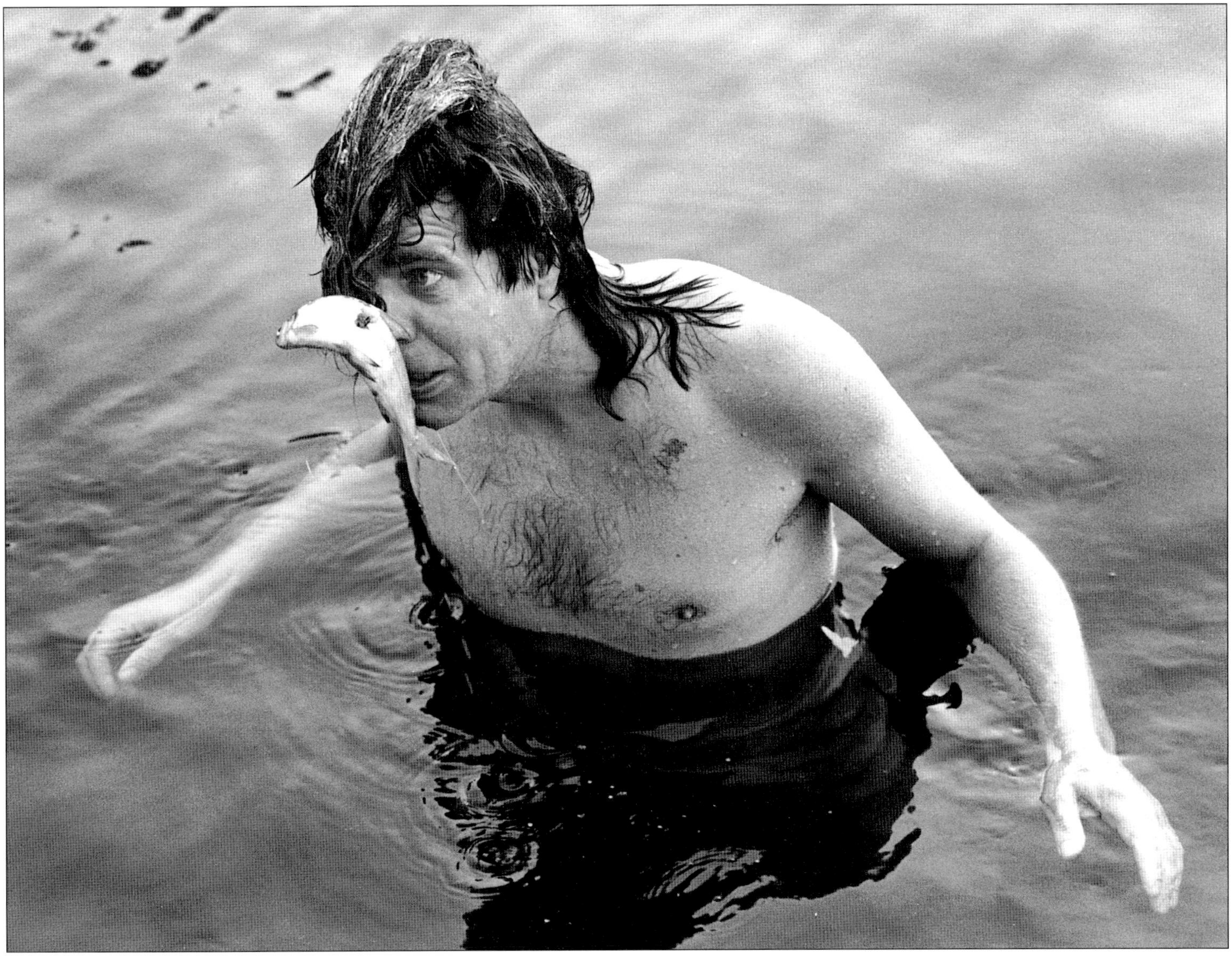

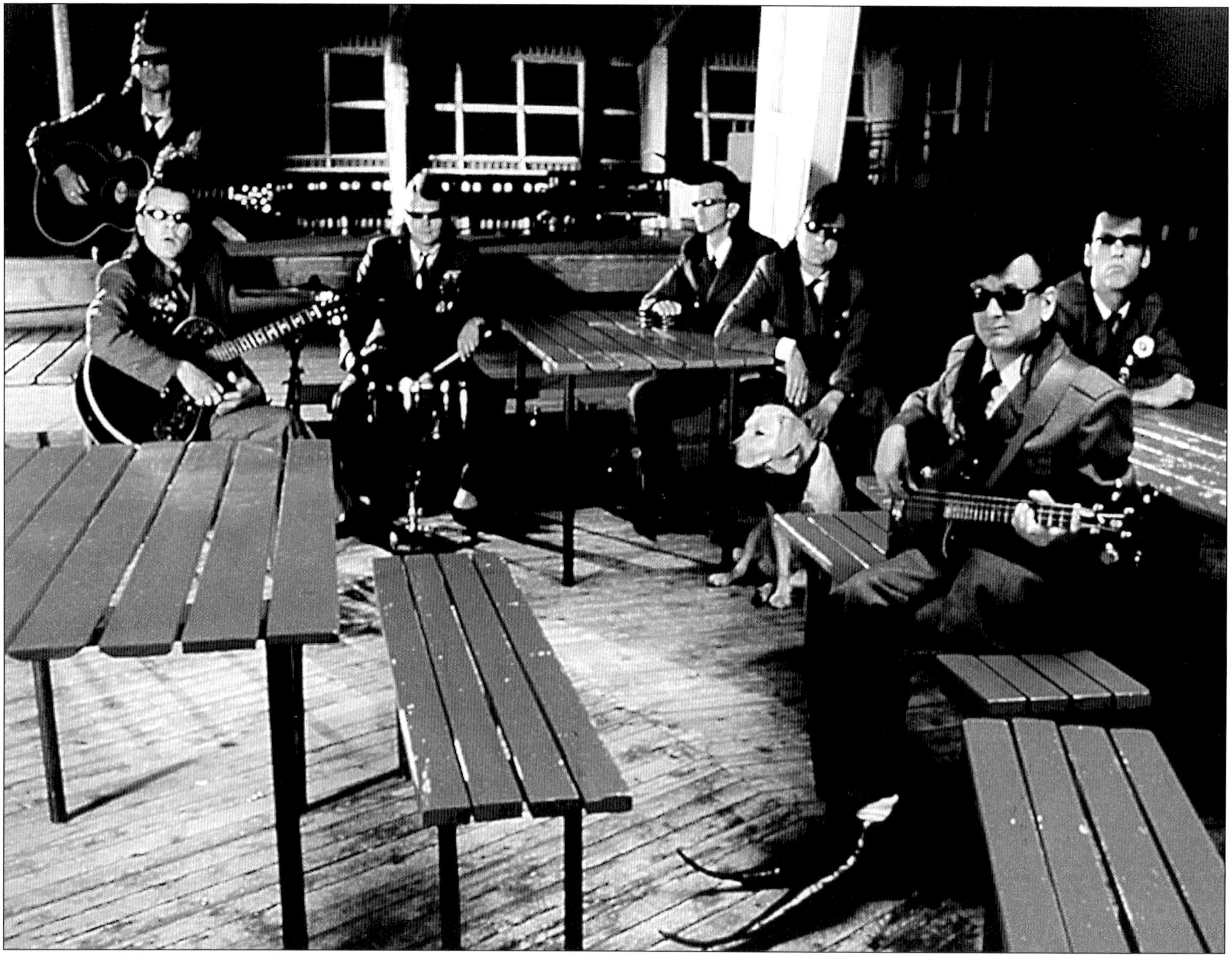

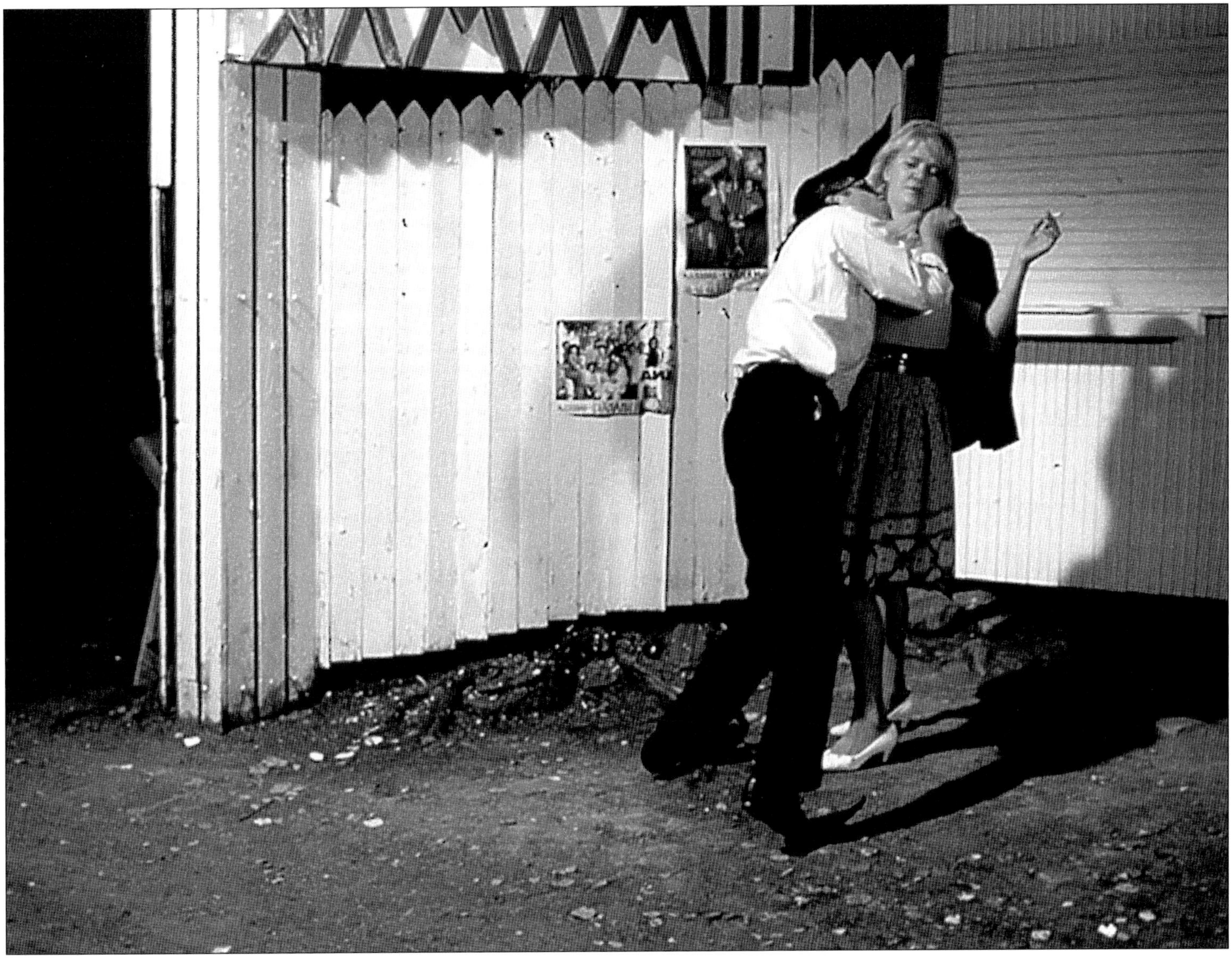

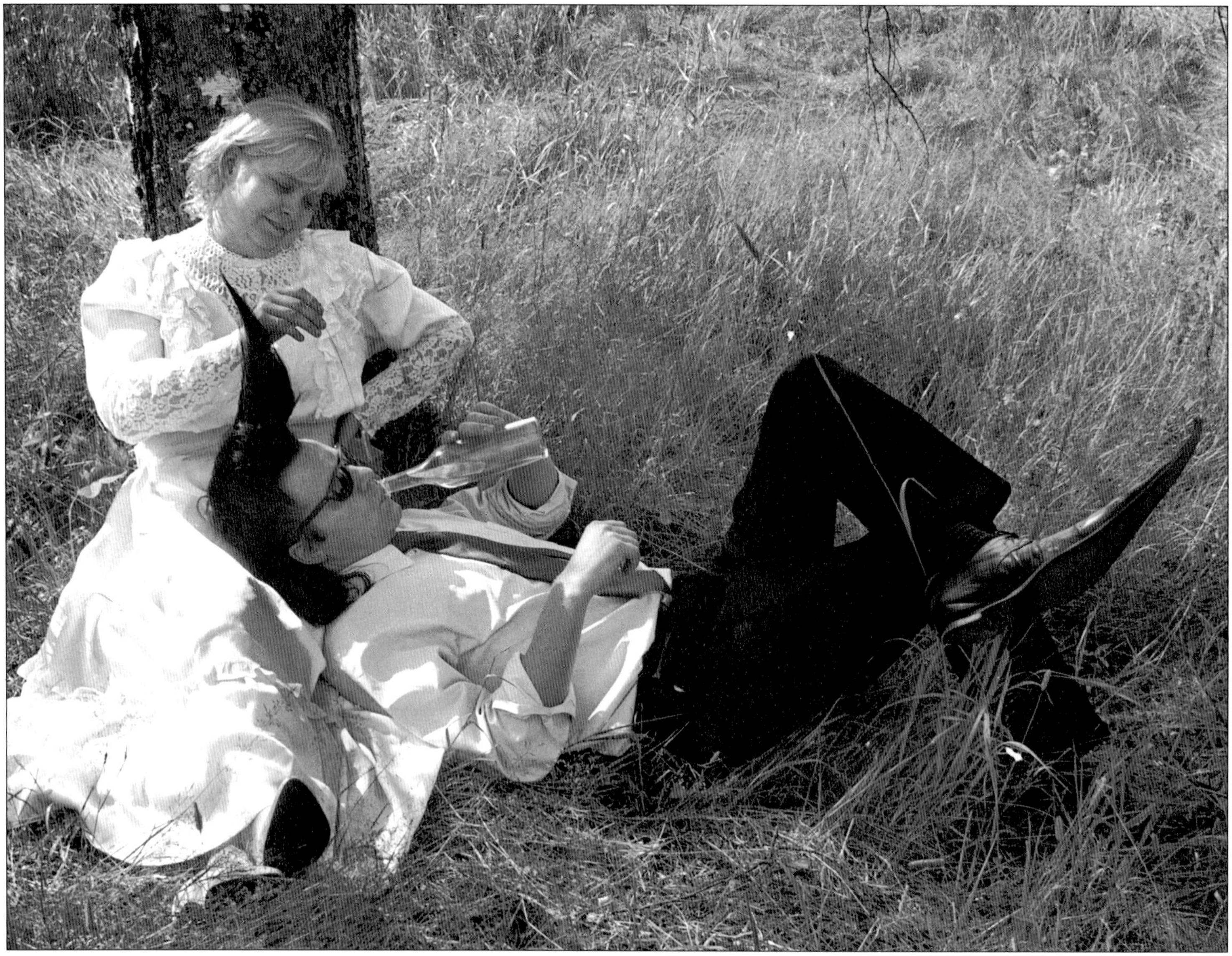

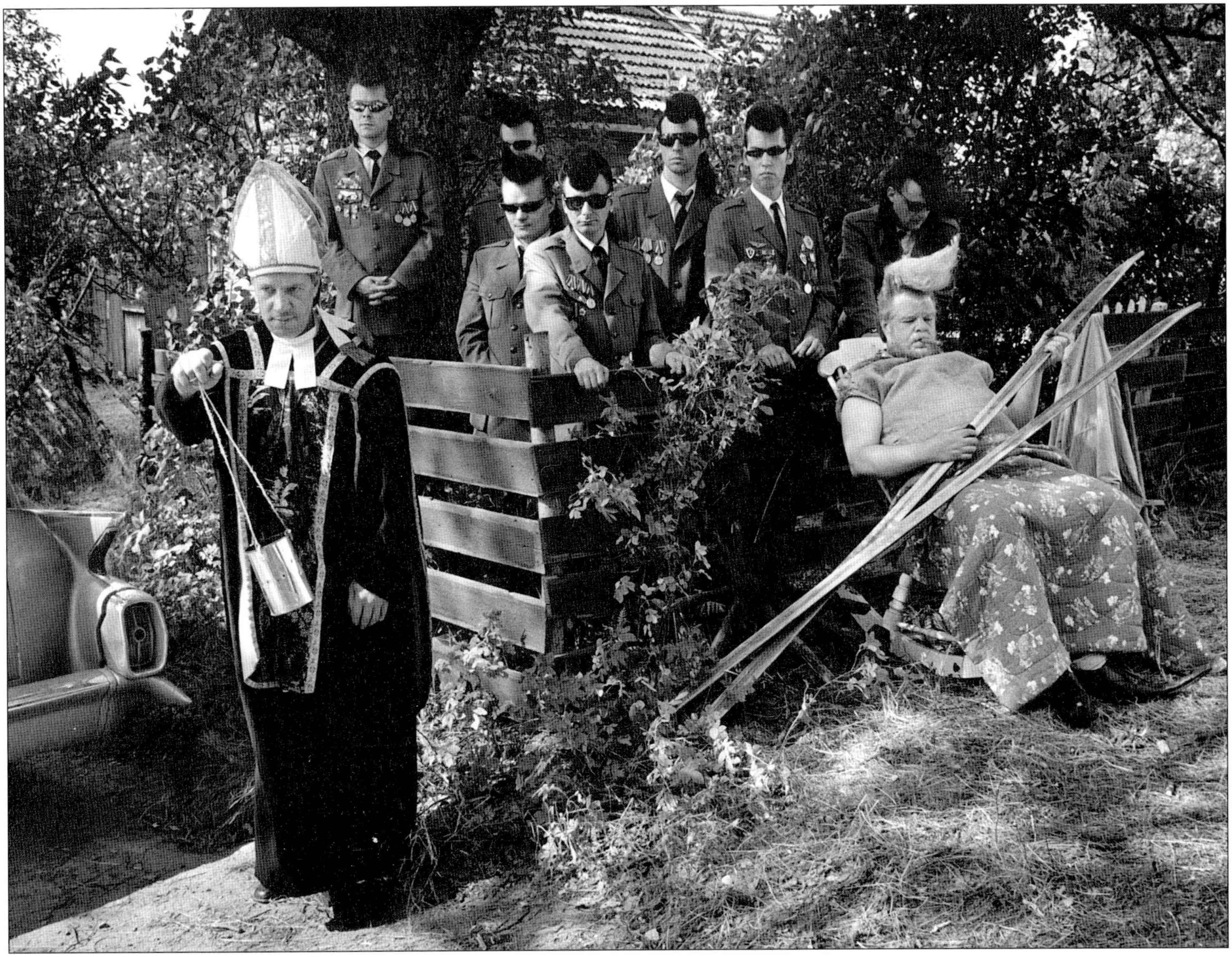

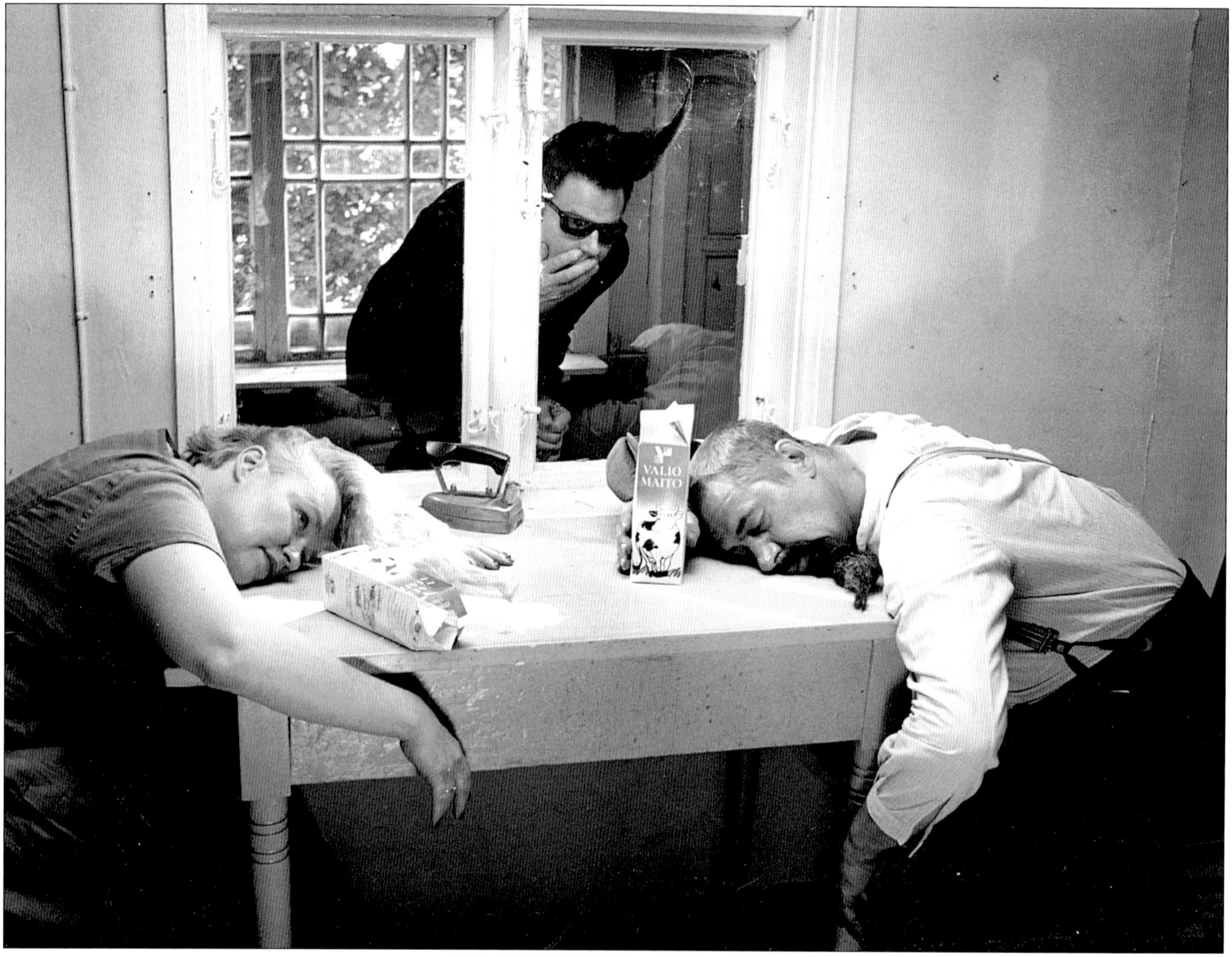
VALIO
MAITO

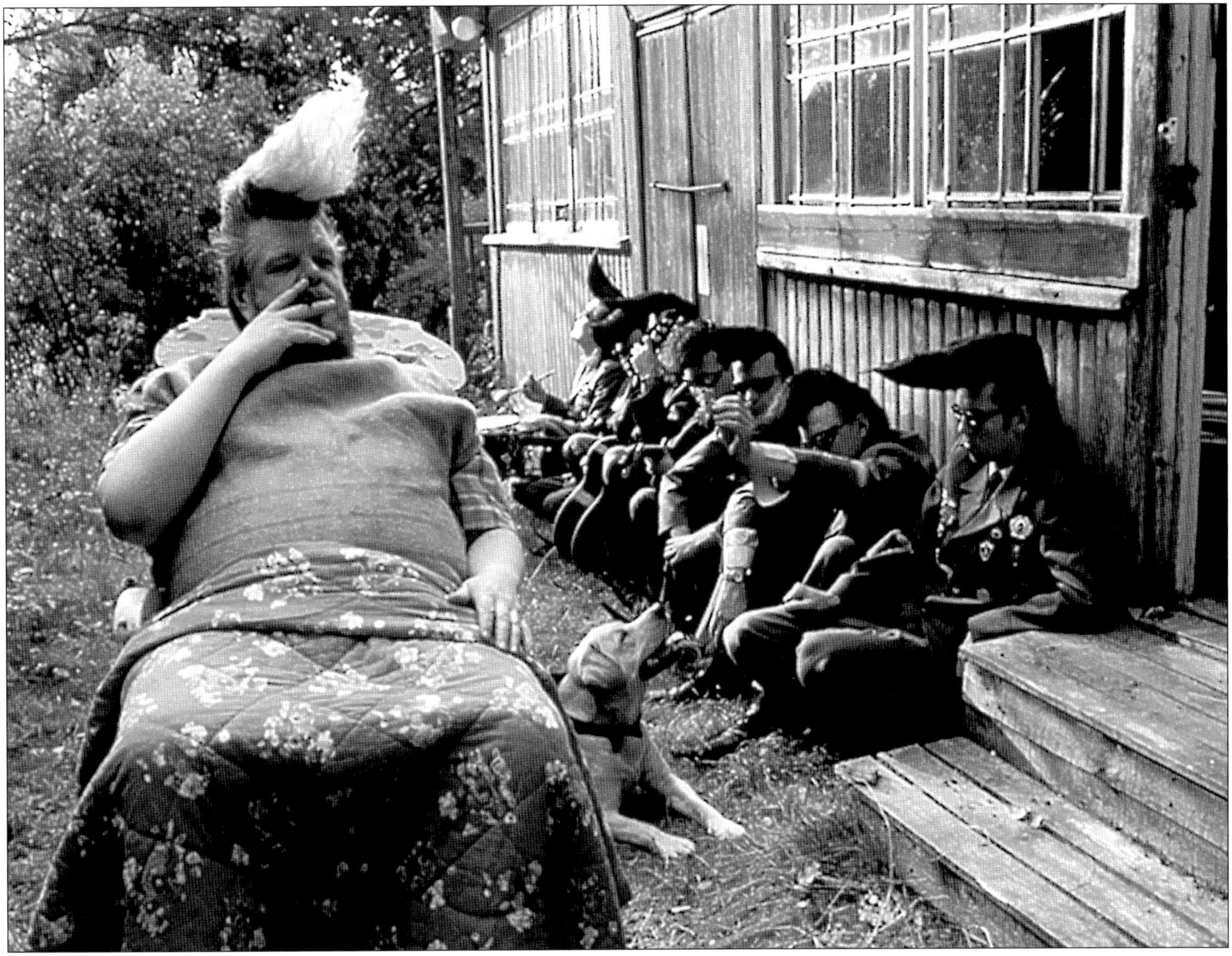

TATJANA, TAKE CARE OF YOUR SCARF

Tatjana, take care of your scarf
Pidä huivista kiinni, Tatjana
1993 • Spielfilm
65 Minuten • Schwarz-weiß • 35mm
Produktion: Sputnik Oy / Aki Kaurismäki
Darsteller: Kati Outinen (Tatjana) • Matti Pellonpää (Reino) • Kirsi Tykkyläinen (Klavdia) • Mato Valtonen (Valto) • Elina Salo (Hotelbesitzerin) • Irma Junnilainen (Mutter) • Veikko Lavi (Vepa) • Pertti Husu (Pepe) • Viktor Vassel • Carl-Erik Calamnius • Atte Blom • Mauri Sumén
Buch: Aki Kaurismäki
Kamera: Timo Salminen
Ton: Jouko Lumme
Schnitt: Aki Kaurismäki
Austattung: Kari Laine • Markku Pätilä • Jukka Salmi
Kostüme: Tuula Hilkamo
Produktionsassistenz: Haije Alanoja
Scriptgirl: Erja Dammert
Regieassistenz: Erkki Astala • Sakke Järvenpää
Musik: The Regals • The Renegades • Piotr Tschaikovsky etc.
Mischung: Tom Forsström / SES Sound
Herstellungsleitung: Jaakko Talaskivi

DIE GESCHICHTE

Es ist die Zeit, als die jungen Kerle in Finnland ihre Freundinnen mit ihren Husquarna-Motorrädern beeindruckten. Ließen sich die Mädchen überzeugen, banden sie sich bunte Chiffonschals um den Kopf und setzten sich gesittet im Damensitz hinter ihren Liebsten und brausten davon.

Valto sitzt nicht am Lenker eines solchen Motorrades, sondern daheim bei Muttern an der Nähmaschine und näht Blümchenkleider. Als Valtos strenge Mutter ihrem erwachsenen Sohn den Zug aus der Zigarre nicht gönnt und ihm zu allem Überfluß auch noch seinen Kaffee verweigert, hat Valto mehr als genug. Er ballt die Faust und sperrt seine Erzeugerin kurzerhand in die Besenkammer.

Valto geht zur Post, wo ein Päckchen mit einer 12-Volt-Autokaffeemaschine auf ihn wartet, begießt seine neue Freiheit mit zwei Tassen schwarzem Kaffee und macht sich dann auf zu Reino, dem Automechaniker. Reino ist nicht abgeneigt, Valto auf einer Spritztour zu begleiten. Schnell sind einige weniger wichtige Motorenteile aus Valtos schrottreifem Wolga entfernt, ist die neue Kaffeemaschine neben dem Autoplattenspieler eingebaut; und dann hält Valto noch ein Nickerchen, bis Reino sich in einen waschechten Rocker mit Brillantine im Haar, Lederjacke, spitzem Schuhwerk und Nylonhemd mit Schlangenledermuster verwandelt hat.

Das Abenteuer kann beginnen. Reino erzählt Geschichten und Valto grunzt dazu. Wie er einmal einem eine rechte Gerade verpaßt habe. Und dann vor Gericht gemußt habe. In Lappland.

An einer Raststätte werden die beiden von zwei Vertreterinnen des anderen Geschlechts angesprochen. Die schmale Tatjana und die korpulente Klavdia sind auf dem Weg nach Tallinn. Ihr Reisebus ist liegengeblieben, sie möchten mitgenommen werden bis zum Hafen. Valto schweigt. Reino sagt: »Springt rein in die Kiste.« Dann schweigt auch er. Klavdia übernimmt das Kaffeekochen, Tatjana, des Finnischen mächtig, den Versuch einer Kommunikation.

Unterwegs halten sie in einer Scheune, wo eine Rock'n'Roll-Band spielt. Als sei sie auf einer Expedition, fotografiert Tatjana ihre Umgebung, die lebensfrohe Klavdia wippt derweil mit den Füßen zur Musik. Valto trinkt Kaffee, bis er zitternd dem Koffeinrausch verfällt, während Reino mit mäßigem Erfolg seine Rockerehre gegenüber einem Rocker aus Helsinki verteidigt. – Rocker: Na, Bauerntrottel, habt ihr schon die Kühe auf den Heustangen? – Reino: Aus Helsinki zu sein, macht noch keinen Rocker. Du hast Brillantine im Hirn. Rocker: Die Mädchen stehn auf Brillantine. –

Gemeinsam legen sie Kilometer um Kilometer zurück: da stellt Tatjana sich und ihre Reisegefährtin vor. Sie selbst komme aus Estland und Klavdia aus Alma Ata. Von den Vordersitzen: keine Antwort. Die Dämmerung bricht herein. Die Männer nehmen an der Rezeption eines tristen Straßenhotels die Übernachtungsfrage in die Hand. – Dame an der Rezeption: Möchten Sie ein Einzelzimmer, ein Doppelzimmer oder ein Einzelzimmer mit einem Extrabett? – Reino: Ja. – Die Männer füllen die Anmeldeformulare aus. Reino geht nach links und Valto nach rechts. Tatjana folgt Reino, Klavdia Valto. Zärtlich bügelt Valto seine schwarze Anzugjacke. Er besprengt sie mit Wasser, erhitzt sie mit einem Lötkolben und plättet sie mit seinem gesammelten Gewicht. Klavdia richtet derweil ihr Make-up. Wie zu sich selbst: Bei uns daheim reden die Männer viel. Abends führen sie ihre Frauen oder Freundinnen aus. In feine Restaurants. –

Valto nimmt sich seine frische Anzugsjacke und den Ratschlag Klavdias zu Herzen. Mit Freund Reino geht er ins Restaurant. Wenig später kommen die beiden Grazien. Mutig geworden wagt Reino eine seiner Geschichten. Von Männern, die sich Sehenswürdigkeiten ansehen wollten, obwohl sie doch den ganzen Wagen voller Wodka hatten. Nur Tatjana lacht ein bißchen. Im Gastraum spielt ein Duo Usko Kemppis Polka *Anuschka*, die Frauen tanzen, die Männer schweigen um die Wette. – Klavdia: Da, wo wir herkommen, würde man euch Quatschköpfe nennen. – Da bricht Reino unvermittelt auf, er sei müde. Schon im Fortgehen greift er nach Tatjanas Fotoapparat. Tatjana versteht, springt auf und läuft hinterher. In dem spartanischen Hotelzimmer stehen die beiden noch eine Weile schweigend im Dunkeln, bis Reino sich in voller Montur, in der Hand noch glühend die letzte Zigarette, auf das Doppelbett legt und einschläft. Vorsichtig nimmt Tatjana ihm die Kippe aus der Hand, lüftet die Überdecke und legt sie über den Schnarchenden, um sich dann selbst im maximalen Abstand im Bett zu plazieren, so daß die Knie über den Bettrand ragen.

Am nächsten Morgen, als sich die vier im Treppenhaus begegnen, tragen die Männer das Gepäck ihrer Begleiterinnen.

Vor einem Schaufenster träumt Reino von Schraubschlüsseln und Valto von Motorrädern. An einem Lagerfeuer trinken die Frauen Wodka und träumen von zu Hause. Bei der nächsten Rast nimmt Reino all seinen Mut zusammen und setzt sich neben Tatjana. Wie in Zeitlupe läßt sie ihren Kopf auf seine Schulter sinken, worauf er, noch langsamer, seinen Arm um ihre Schulter legt. Zum Abschied laden Tatjana und Klavdia Reino und Valto zu je einem Glas Tee und einem gemeinsamen halben belegten Brötchen ein. – Klavdia: Genossen, ihr wart sehr freundlich. – Tatjana: Ihr wart sehr nett. Sicherlich haben sich die freundschaftlichen Beziehungen zwischen unseren Ländern gefestigt. –

Abschied am Hafen. Die Männer gucken wahlweise auf ihre Schuhspitzen oder ihre Fingernägel. Tatjana und Klavdia sind schon auf dem Schiff, als den Freunden dämmert, daß es hier eine Chance zu ergreifen gilt. Reino: Warst du schon mal im Ausland? – Valto: Nein. – Reino: Hast du noch Geld? Ich bin pleite. – Valto (kramt in seinen Hosentaschen): Ja. –

Spitzbübisch setzen sich Valto und Reino in der Schiffsbar zu den beiden Frauen. Ohne sie anzusehen, bietet Reino Tatjana eine Zigarette an; er schaut immer noch in die entgegengesetzte Richtung, als er ihr Feuer gibt.

Die Überfahrt nach Tallinn verläuft nahezu ausgelassen, Tatjana und Reino stehen an der Reling und lassen sich die Seeluft ins Gesicht blasen, selbst Valto zieht an Deck manchmal seine Jacke aus.

In Tallinn heißt es, sich endgültig von Klavdia zu verabschieden, die mit dem Zug nach Alma Ata weiterreist. Sie küßt Valto auf die Wangen und gibt ihm ein kleines Päckchen. Auch Valto drängt zum Aufbruch. Doch Reino will bei Tatjana bleiben.

So begibt sich Valto allein auf die Rückreise, packt allein sein Päckchen aus und findet eine elektrische Kaffeemühle. Auf der einsamen Rückfahrt stellt Valto sich vor, wie schön es wäre, würden sie zu viert mit dem Wolga direkt vor die Theke fahren: die Fensterscheiben würden splittern und Reino würde das Schweigen brechen und sagen: Ruhe, die *Renegades* spielen. Und dann würden sie sich in dem Lokal die *Renegades* im Fernsehen ansehen.

Am Ende sperrt Valto die Tür zur Kammer wieder auf, läßt seine Mutter frei, kocht einen Kaffee und setzt sich an die Nähmaschine, diesmal mit einer Zigarre im Mund. Das Leben geht weiter, als sei nichts geschehen. Vielleicht schreibt Reino ab und zu einmal eine Karte aus Tallinn.

Vielleicht.

DER FILM

Tatjana ist das persönliche Adieu des Regisseurs an das alte Finnland der 60er Jahre. Schon der Titel und die erste Einstellung erinnern an diese Zeit: an die Frauen, die sich auf die *Husquarna*-Motorräder hinter ihre Freunde setzten und mit einem Chiffonschal ihre Frisuren vor dem Fahrtwind schützten. Die schmächtige Tatjana, ein verhuschtes Vögelchen aus Estland, trägt einen solchen Schal, doch in die Nähe eines Motorrades kommt sie nie. Auch die röchelnde sowjetische Wolga-Limousine, liebevoll ausgestattet mit einer 12-Volt-Autokaffeemaschine und einem Auto-Plattenspieler, von dem die 45er Singles der *Regals* und der *Renegades* dudeln, erzählt von längst vergangenen Zeiten. Die Vergangenheit jedoch bleibt wie der Ort im Film seltsam unbestimmt.

Tatjana erzählt von den kleinen Fluchten von Valto und Reino, von ihren kleinen Selbstbehauptungen gegen Mütter und Großmäuler aus Helsinki. Reino ist Rocker aus Orimattila, dem Ort, in dem Aki Kaurismäki geboren und aufgewachsen ist. Wie Valto findet er sein kleines Glück in der Musik. In der Musik entfliehen beide ihrer Langeweile und der Einsamkeit. Wenn die Musik spielt, bedarf es keiner Worte mehr. Zum Rock'n'Roll vom Autoplattenspieler ernähren sich die beiden Helden von den finnischen Nationalgetränken: Kaffee und Koskenkorva-Wodka. Der mächtige Valto verfällt schon mal dem Kaffeerausch. Dann zittert er wie Espenlaub und jammert wie ein kleines Kind, und Reino wischt ihm liebevoll mit einem großen Schwamm den Schweiß von der Stirn. Solche kleinen Gesten sind es, mit denen sich die Menschen in *Tatjana* verständigen und Freundschaften besiegeln.

Die kleinen Fluchten führen sie zu Rockkonzerten in einfachen, wie aus dem Nichts erscheinenden Bretterbuden. Auch diese Veranstaltungsorte sind eine Erinnerung an die 60er Jahre. Lavas, genannt nach *lava,* der Holzbank, auf der die Mädchen sitzen und auf eine Aufforderung zum Tanz warten, waren Tanzpaläste für die Landbevölkerung, bevor sie in den 60er Jahren als Veranstaltungsorte für Rockkonzerte entdeckt wurden.

Die Rollen sind den Schauspielern auf den Leib geschneidert: Mato Valtonen, der Erfinder der *Leningrad Cowboys,* darf den schüchternen Valto spielen. Den Feierabendrocker stellt Matti Pellonpää dar, der – wenn er nicht gerade filmte – selbst mit seiner eigenen Band *Peltsix* auf der Bühne stand. Auch die sprachbegabte Kirsi Tykkyläinen, die in *Tatjana* Klavdia aus Alma Ata mimt, kommt aus dem Umfeld der *Leningrad Cowboys.* Auch sie singt in ihrer Freizeit und steht schon mal mit den *Cowboys* vor der Kamera wie in dem Kurzfilm *Those were the Days* als untreue Ehefrau des finnischen Elvis.

REINO WIRD VERWEGEN. ER SUCHT KONTAKT ZU TATJANA, EINER REPRÄSENTANTIN DES ANDEREN GESCHLECHTS.

Vielleicht verkörpern Valto und Reino den finnischen Nationalcharakter. Mag dieser ihnen auch angedichtet worden sein und den männlichen Bevölkerungsteil eher als den weiblichen beschreiben, das Urteil vom wortkargen Finnen hält sich beständig.

Man sagt, der Finne sei ein großer Schweiger. Schweigen sei Teil eines guten Gesprächs und keine Pause. Man schaut, und keiner kann es so schön wie Matti Pellonpää, aber man schaut sich nicht an. Es gilt allgemein, daß der zu Ernsthaftigkeit neigende, introvertierte finnische Charakter sein Pendant in Gestik und der synthetischen Sprache findet: Finnischer Ton und finnische Gebärde erscheinen dem Fremden beispielhaft unterkühlt. In *Tatjana* ist es Klavdia, die sinnliche, lebenslustige Reisegefährtin aus Alma Alta, die Fremde, die im Gegensatz zu den Männern bereits dann südländisch temperamentvoll wirkt, wenn sie nur drei Sätze sagt. Tatjana dagegen, aus dem benachbarten Estland, spricht nicht nur finnisch, sie beherrscht auch das Schweigen. So kommt man zu dem Schluß, Schweigen als Teil der Sprache, als Teil der Sprechkultur zu verstehen. Wenn dann die Menschen in Kaurismäkis Filmen schweigen, heißt das keineswegs automatisch, daß sie das Wort abgegeben haben. Und auch ihr Gegenüber wird ihnen nicht sofort »ins Schweigen fallen«.

**EIN ARBEITSFOTO
ZUR VORHERIGEN SZENE.**

Die langsamen Gesten setzt die Kamera von Timo Salminen so nachdrücklich in Szene wie in einem Stummfilm. Da ballt Valto die Faust: Großaufnahme. Reino schaut. Mal blickt er nach unten, mal nach oben, und er schaut sein Gegenüber nur an, wenn er einen triftigen Grund dafür findet. Die ganze Liebesgeschichte zwischen ihm und Tatjana liegt in einigen dieser wenigen Blickwechsel. Für einen Moment öffnen sich die Augen in den gefrorenen Gesichtern wie Luken in die Seele. Da regt sich irgend etwas, kein großes Gefühl, aber eine kleine Sehnsucht, über der sich die Lider schnell wieder schließen. Der Rest bleibt das Geheimnis der Figuren. Die Liebe steht unter dem Schutz der Intimität, niemals wird man in einem Kaurismäki-Film nackte Leiber sich akrobatisch in Betten wälzen sehen. Timo Salminen wurde für seine Kameraarbeit 1997 mit dem finnischen Filmpreis *Jussi* ausgezeichnet.

Tatjana ist ein kleiner Schwarzweiß-Film, eine einfache, linear erzählte Geschichte, die ohne erklärende, psychologisierende Rückblenden, ohne viele Worte und ohne große Handlungen auskommt. Gelungen ist Kaurismäki ein wunderschöner Film über die Liebe und über Männerfreundschaften und darüber, daß eigentlich alle Männer im Grunde ihres Herzens Rocker sind und bleiben. Die deutsche Filmkritikerin Verena Luekken hat vermutlich recht, und *Tatjana* ist »die Summe der Filme von Aki Kaurismäki, vielleicht ihre Quintessenz, möglicherweise ihr perfektes Imitat.«

**IN EINER KNEIPE MACHT SICH KLAVDIA FRISCH,
AUFMERKSAM BEOBACHTET VON TATJANA.**

REINO TRINKT KOSKENKORVA-WODKA UND VALTO-KAFFEE.
ES SIND MÄNNER, DIE NICHT VIELE WORTE MACHEN.
IN EINER BAR IN SOMERNIEMI, FINNLAND.

AUF DEM BAHNHOF IN TALLINN FÜHLT SICH VALTO VON GOTT UND DER WELT VERLASSEN.
EINE FRAU AUS DEM SÜDEN HAT IHM SEINEN KUMPEL REINO WEGGENOMMEN.

»RUHE ... DIE RENEGADES.«
REINO (MATTI PELLONPÄÄ), TATJANA (KATI OUTINEN), KLAVDIA (KIRSI TYKKYLÄINEN)
UND VALTO (MATO VALTONEN) IN EINEM 1968ER WOLGA.

AUCH STURM UND WETTER KANN DIE BESTELLTE CREW VON IHRER MISSION NICHT ABHALTEN ...
IN SOMERNIMI, FINNLAND.

**KATI OUTINEN MIT IHRER TOCHTER IIDA.
IN PUSULA, FINNLAND.**

TOTAL BALALAIKA SHOW

Total Balalaika Show
1993 • Kurzfilm • Dokumentation
55 Minuten • Farbe • 35 mm.
Produktion: Sputnik Oy / Aki Kaurismäki
Darsteller: Leningrad Cowboys • Alexandrov-Ensemble der Roten Armee unter Leitung von Igor Agafonnikow
Kamera: Heikki Ortamo • Pekka Aine • Tahvo Hirvonen • Timo Salminen • Olli Varja
Schnitt: Timo Linnasala
Ton: Jouko Lumme

Total Balalaika Show ist der Mittschnitt eines sehr denkwürdigen Konzertes, das am 12. Juni 1993 auf dem Senatsplatz in Helsinki 70.000 Zuschauer in den Bann zog. Der erste gemeinsame Auftritt der zappelnden *Leningrad Cowboys* und des 160 Mann starken *Alexandrov-Ensembles* der Roten Armee mag auf manch einen Zuschauer gewirkt haben, als träfe der hedonistische Westen auf den in Biederkeit ergrauten Osten.

Finnische Medien sahen in dem Konzert ein Symbol der Aussöhnung zwischen Finnland und der Sowjetunion. Das Verhältnis der beiden Staaten war bis zum endgültigen Fall des eisernen Vorhangs durch eine ausgeprägte Zurückhaltung bestimmt. Der finnische Mann auf der Straße wird sich deutlicher ausdrücken: Schweden und Russen waren die Unterdrücker, durch sie sind wir, was wir sind.

An diesem kühlen Sommerabend stieg der Chor der russischen Armee auf die riesige Bühne am Helsinkier Senatsplatz und sang die Nationalhymne des Gastgebers – auf Finnisch! Dann stürmten die *Leningrad Cowboys* über die Stahlkonstruktion, und unter der ehrwürdigen Domkuppel rollte vor begeisterten Fans die Show ab, schmetterten Chor und Band zur Einstimmung: *Those were the days, my friend ...*

Gemeinsam sangen sie sich durch die Geschichte der populären Musik. Dann intonierte das Alexandrov-Ensemble mit schwellender Brust die russischen Lieder, die sie in den Olymp der Chöre gehoben haben: *Die Wolgaschiffer*, *Kalinka* und *Das Feld*.

Die Geschichte stand an diesem Abend nicht still, sie sprang in die Zukunft. Die Vergangenheit, in der Finnland im Schatten des furchterregenden russischen Riesens stand, ließ man weit hinter sich.

Geschichtsträchtig ging es auch zu, als die Partyband gemeinsam mit dem berühmten russischen Chor ein Jahr später in Berlin auftrat. Im Juni 1994 feierten über 50.000 begeisterte Berliner mit den ungleichen Bands im Lustgarten den Abschied der alliierten Truppen. Am Ende des historischen Far-Well-Konzertes erlebten die Fans, denen viel Gelegenheit geboten wurde, sich heiser zu singen, ein Feuerwerk am Himmel über Berlin.

AM 12. JUNI 1993 GABEN DAS ALEXANDROV-ENSEMBLE DER ROTEN ARMEE UND DIE LENINGRAD COWBOYS MIT VEREINTEN KRÄFTEN IN HELSINKI AUF DEM SENATSPLATZ EIN LEGENDÄRES KONZERT, WELCHES DEN BEGINN EINER FRUCHTBAREN KONTINUIERLICHEN ZUSAMMENARBEIT ZWISCHEN DEN BEIDEN GRUPPEN DARSTELLTE.

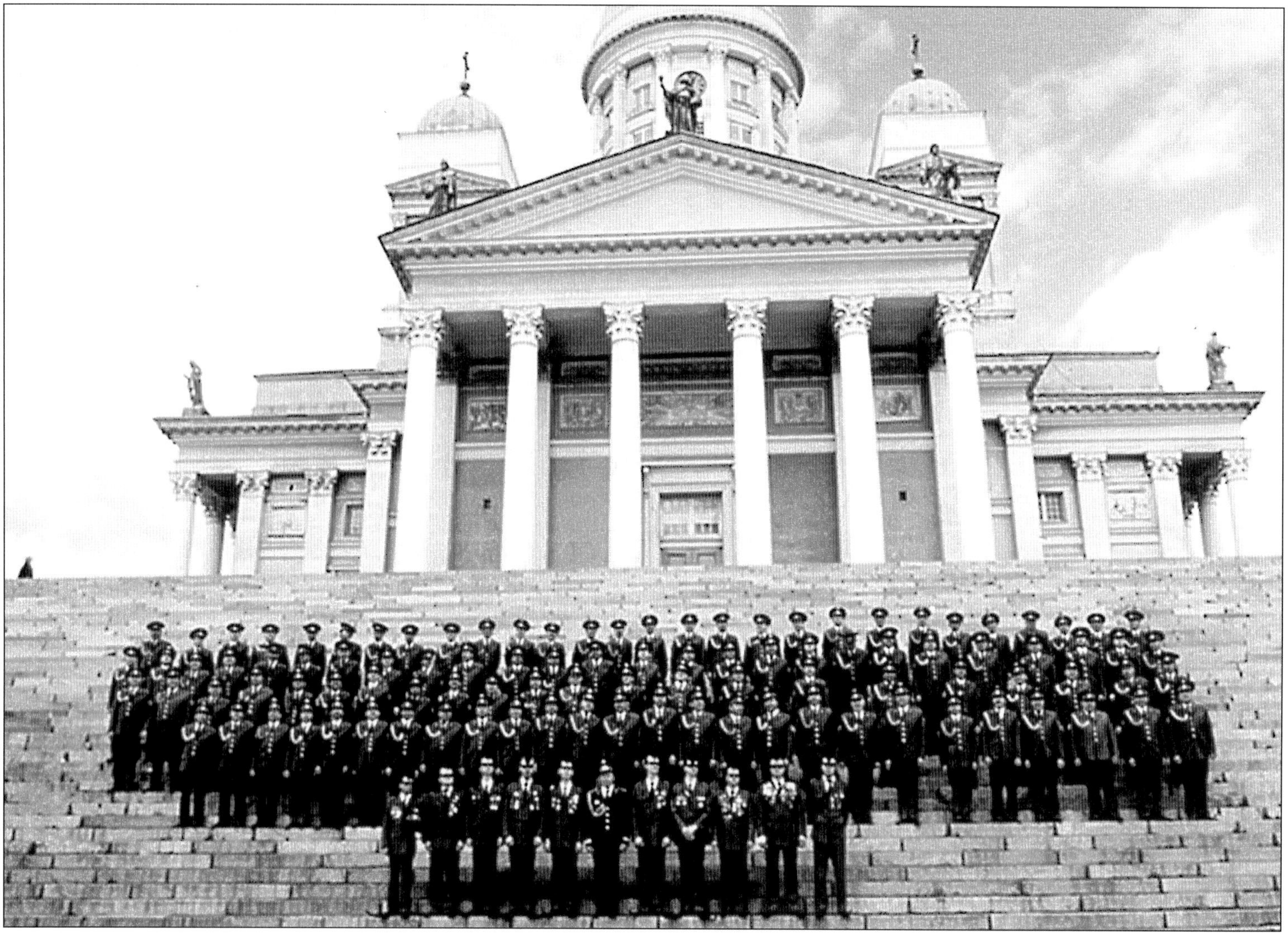

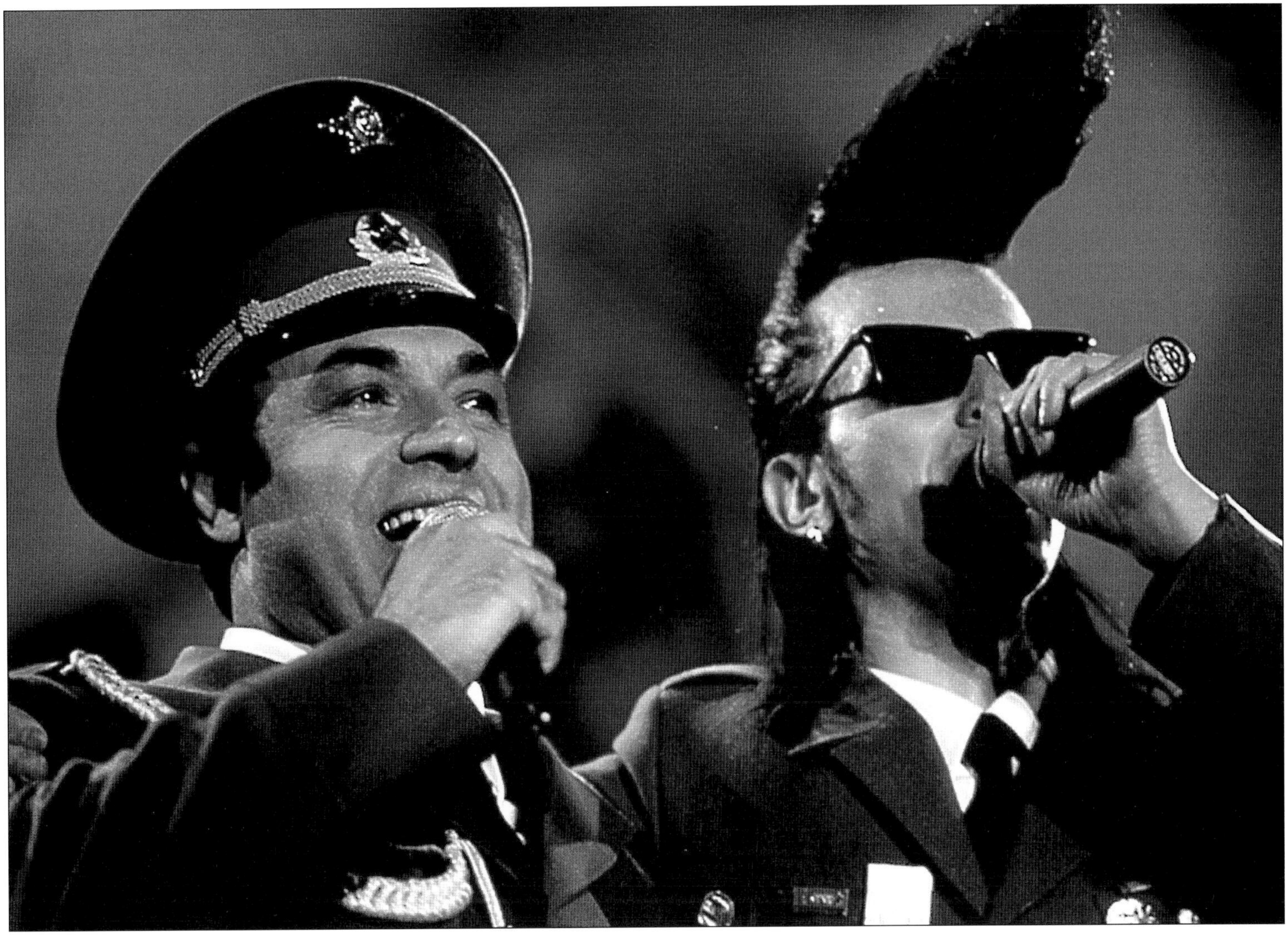

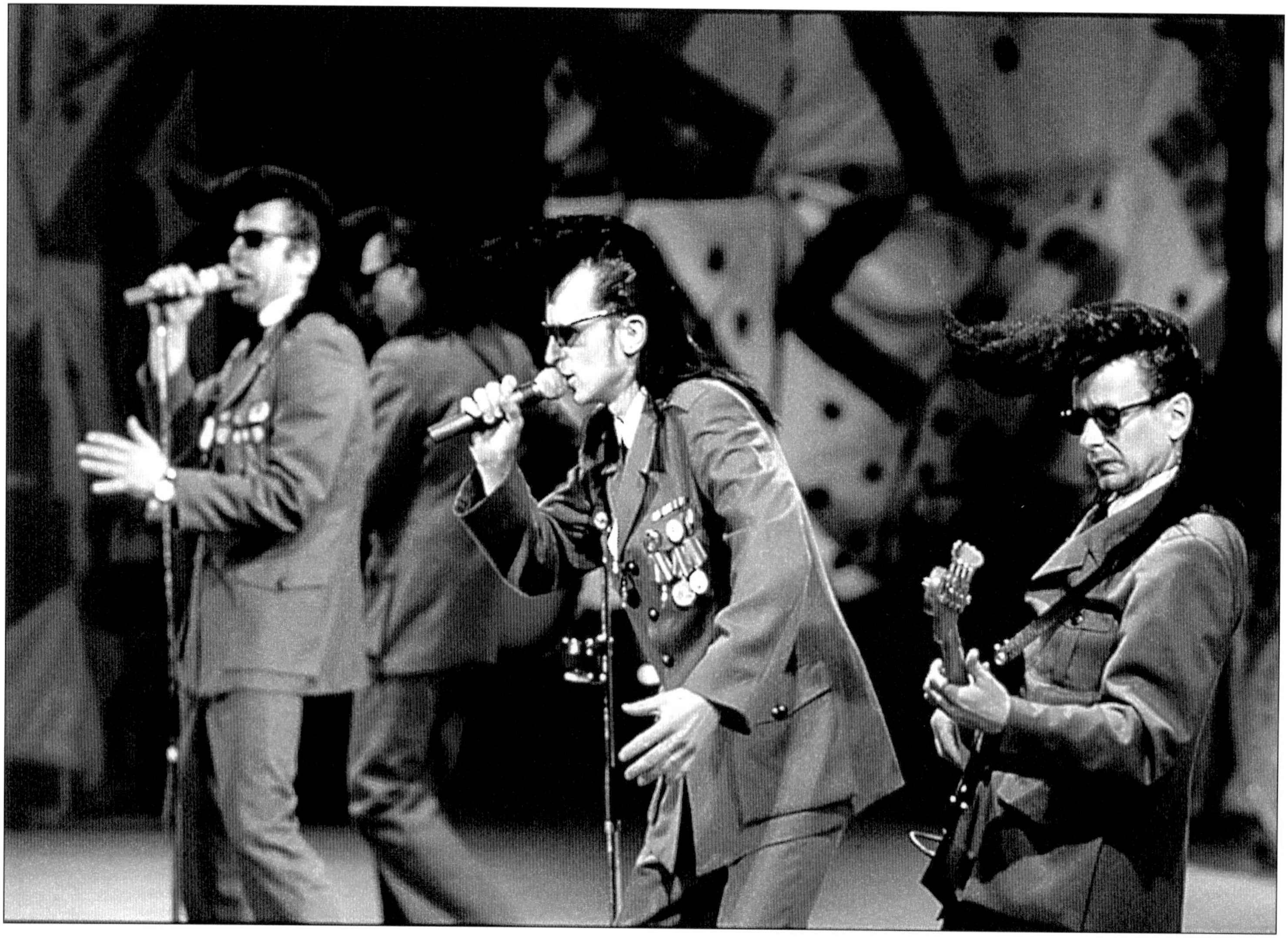

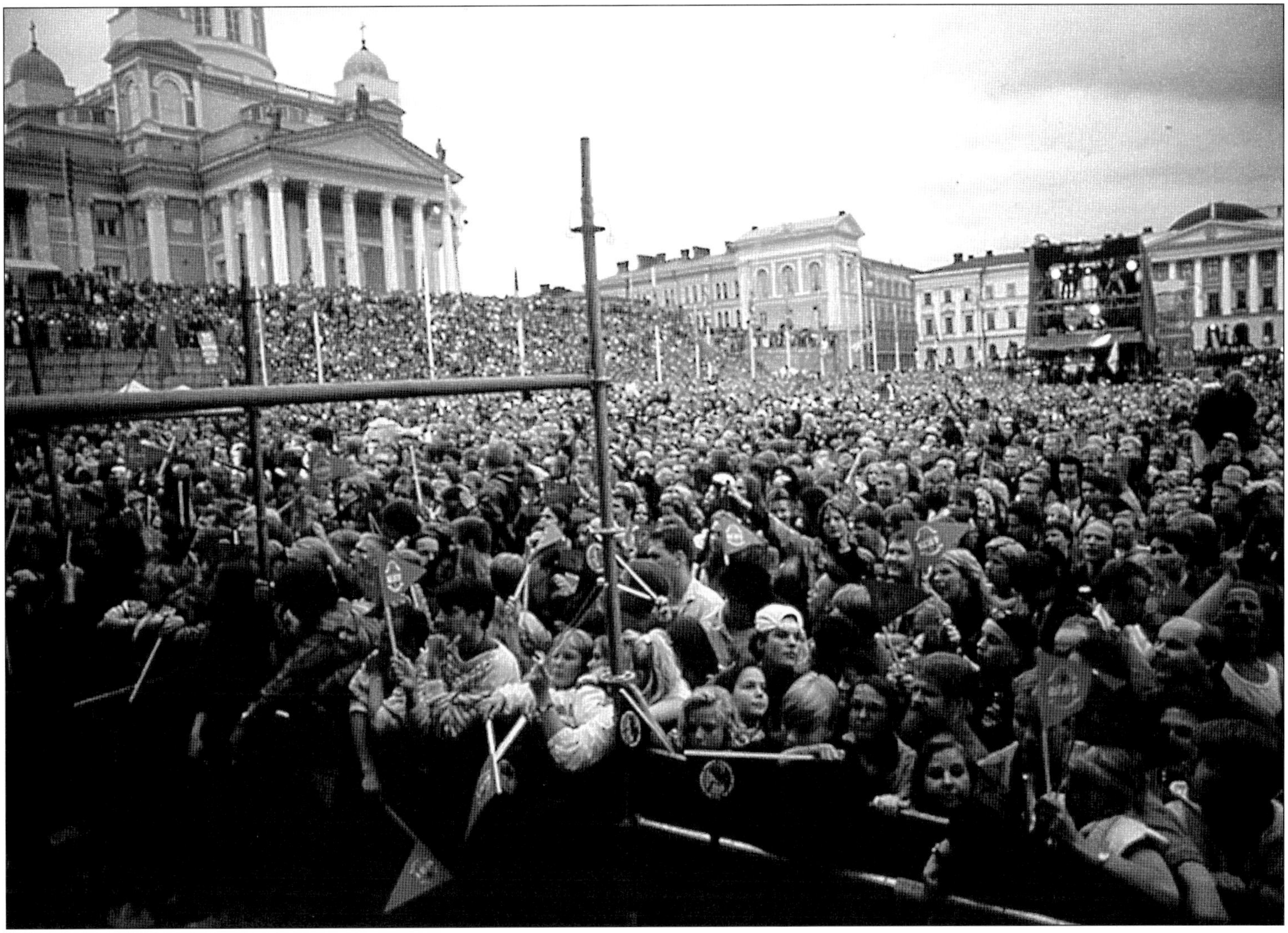

LENINGRAD COWBOYS MEET MOSES

Leningrad Cowboys meet Moses
1994 • Spielfilm
92 Minuten • Farbe • 35 mm
Produktion: Koproduktion Sputnik Oy / Aki Kaurismäki, Pandora Film und Pyramide Productions
Darsteller: Matti Pellonpää (Moses / Vladimir) • Kari Väänänen (Der Stumme) • André Wilms (Lazar / Johnson / Elias) • Twist-Twist Erkinharju & Ben Granfelt & Sakke Järvenpää & Jore Marjaranta & Ekke Niiva & Lyle Närvänen & Pemo Ojala & Silu Seppälä & Mauri Sumén & Mato Valtonen (Leningrad Cowboys) • Nicky Tesco • Jacques Blanc • Nico Helies • Kirsi Tykkyläinen
Buch: Aki Kaurismäki nach der Bibel (Altes Testament)
Kamera: Timo Salminen
Ton: Jouko Lumme • Timo Linnasalo
Schnitt: Aki Kaurismäki
Ausstattung: John Ebden • Mark Lavis
Produktionsassistenz: Haije Alanoja
Scriptgirl: Haije Alanoja
Locationmanger: Heikki Ukkonen
Regieassistenz: Erkki Astala
Musik: Mauri Sumén
Mischung: Tom Forsström / SES Sound
Herstellungsleitung: Pauli Pentti sowie Klaus Heydemann • Jaako Talaskivi

DIE GESCHICHTE

Fünf Jahre sind vergangen, seit die schlechteste Rock'n'Roll-Band der Welt ihr sibirisches Heimatdorf verlassen hat. Schließlich war sie in Mexiko gelandet und Vladimir, ihr despotischer Manager, war in der Wüste verschwunden. Die ersten Jahre in Mexiko waren von Erfolg gekrönt gewesen. Die *Leningrad Cowboys* hatten die Top Ten erobert, auf Hochzeiten und Beerdigungen gespielt und sollten sogar im Fernsehen auftreten. Doch dann kroch die Schlange in Gestalt von Tequila ins Paradies. Den Cowboys wuchsen zottelige Bärte, selbst dem stummen Igor der Ansatz einer Tolle, und innerhalb weniger Monate starben die meisten Bandmitglieder an dem unglückbringenden Gesöff. Die Überlebenden flohen in die Wüste, wo sie sich mit gerösteten Schuhsohlen und der Erinnerung an bessere Zeiten am Leben erhielten.

Da erreicht die Band plötzlich ein anonymes Telegramm: Im Hotel *Odessa* auf Coney Island wird ihr Auftritt gewünscht. Die spitzen Schuhe werden gewienert und der rostige Cadillac in Schwung gebracht.

Das Konzert ist ein Erfolg: Zwar rührt sich keine Hand zum Applaus, aber es sind auch keine Protestschreie zu hören. Wenig später haben die Cowboys eine folgenschwere Erscheinung: Wie aus dem Nichts taucht plötzlich der lang verschollene Manager Vladimir auf. Der Mann mit dem wallenden schwarzen Bart, der Vladimir zum Verwechseln ähnlich sieht, behauptet jedoch, Moses zu sein. Im Grunde macht das keinen großen Unterschied, da der eine wie der andere von der Band absoluten Gehorsam fordert. Moses erklärt, seine Mission bestünde darin, die Band in ihr sibirisches Heimatdorf zurückzuführen.

Die Band entpuppt sich als Ansammlung von Hasenfüßen. Nur der ehemals in Amerika verschollene Cousin wagt es, sich gegen Moses zu erheben, und weigert sich, das Land der Hamburger und die Frau, die er am Abend zuvor auf dem Rummelplatz kennenlernte, zu verlassen. Alle anderen lassen sich von Moses ohne größere Widerstände in ein kleines Segelboot setzen, das sie über den Atlantik bringen soll. Moses selbst weilt noch ein wenig in Sodom und Gomorrha, um als Geschenk für die Lieben daheim die Nase der New Yorker Freiheitsstatue mit einer Kettensäge abzutrennen. Dann reist er mitsamt dem Riechorgan auf der Tragfläche eines Jumbo-Jets hinterher. Er ahnt nicht, daß in demselben Flugzeug bereits sein Verfolger sitzt, der Agent Johnson, der auch in geheimer Mission auf sein silbernes Zigarettenetui mit den eingravierten Initialen CIA nicht verzichten kann.

Über der Westküste Frankreichs springt Moses ab und landet bei der dort gerade ge-

DIE BAND IST INS MEXIKANISCHE HINTERLAND GEFLOHEN. NUR ZUFÄLLIG KOMMEN HIER SKORPIONE VORBEI, LASSEN SCHLANGEN IHR VERSTIMMTES KLAPPERN HÖREN. AASI UND SILU SEPPÄLÄ. NUKARICHACHAO, MEXIKO.

strandeten Band. Sechs andere Cowboys, die unter Führung von Lenin den verlorenen Söhnen sehnsuchtsvoll entgegeneilen – zum Unmut des verwandelten Vladimir jedoch nur Rubel in der Tasche haben – vereinigen sich mit der Gruppe, und die eigentliche Heimreise kann beginnen. Gereist wird mit einem roten Bus aus der heimatlichen Kolchose, der groß genug ist für die Cowboy-Familie, die gigantische Nase und mehrere Lagen Zwiebeln, welche sich hervorragend als Proviant für zwischendurch eignen.

In Brest hat die Band einen kleinen Auftritt in einem Bingo-Salon. Als Dank erhalten sie von dem in Ehren ergrauten Publikum nicht einen Klatscher, dafür vom Manager ein paar Spielscheine. Das Glück ist ihnen hold. Ein Cowboy schreit Bingo und gewinnt: ein oranges Küchensieb, eine rote Spülbürste mit farblich abgestimmtem Handfeger, zwei Dutzend babyblaue Wäscheklammern, einen hochwertigen metallenen Schneebesen und ähnliche praktische Haushaltsgegenstände mehr.

In einer Hotelbar im französischen Amiens, in die sich Moses zum einsamen Meditieren zurückgezogen hat, wird er von Johnson, der sich als Plattenproduzent ausgibt, angesprochen. Nachdem dicke Bündel mit Banknoten den Besitzer gewechselt haben, ist Moses anfänglicher Widerstand besiegt und die Band für eine Woche in dem nämlichen Restaurant engagiert. Moses schläft vor Freude über diesen Deal und dank des Schlafmittels in seinem Drink an der Theke ein, und der falsche Plattenproduzent verabschiedet sich. Wäre da nicht der beherzte Igor gewesen, Johnson wäre die Entwendung der freiheitlichen Nase aus dem Bus unbemerkt gelungen. So aber wacht Igor auf und schlägt dem Dieb tatkräftig mit einer kleinen bronzenen Leninbüste auf den Hinterkopf. Alarmiert schreitet Moses schnellen Schrittes über den Swimmingpool und scheucht die Band aus den Liegestühlen. Weiter geht's.

In Frankfurt am Main, wo man geübt ist in der Terroristenjagd, meldet ein pflichteifriger Tankwart Moses und seine Jünger bei der Polizei. Die rollt gleich mit Blaulicht an und nimmt die ganze Mannschaft fest. Nur der treue Igor entgeht dem Schicksal auf dem Klo. Der befreite Johnson indes eilt siegessicher mit Bus und Riechorgan Richtung Natostützpunkt Rödelheim davon. Doch bevor er dort die schmerzlich vermißte Reliquie abliefern kann, wird er von ein paar deutschen Freaks gestellt, die Igor mit beredten Gesten um Hilfe rief. Mit deren Unterstützung gelingt auch Befreiung der restlichen Brüder aus der Gefängniszelle.

Während die Band ihre wiedergewonnenen Freiheit mit Tango, Bier und vielen neuen Freunden feiert, glaubt der vom Unglück und der Voice of America, die in rumänischer Sprache aus einem billigen Hotelradio dröhnt, gebeutelte Johnson, sich erschießen zu müssen. Er setzt den Revolver an die Schläfe, da grollt der Himmel furchterregend, und der Amerikaner tut einen Blick in die Bibel …

Unterwegs diskutieren Moses und Lenin auf dem Hauptbahnhof in Leipzig den Lauf der Welt im allgemeinen und im besonderen. Lenin: »Die Geschichte aller bisherigen Gesellschaft ist die Geschichte von Klassenkämpfen.« Moses: »Auge um Auge. Zahn um Zahn. Wer die Ehre eines Menschen verletzt hat, so soll man ihm auch tun.« Die Zuhörerschaft, bestehend aus einem Cowboy mit Mexikoerfahrung, urteilt ungerührt: Gringo-Geschwätz, und weiß sich zu entfernen. Tränen der Rührung stehen abends indes dem stummen Igor in den Augen, als eine Sängerin mit viel Gefühl und türkisem Kostüm die wenigen Anwesenden mit dem Hit *By the Rivers of Babylon* zu beglücken versucht.

Eine Rast nutzt Lenin, um der Band den tieferen Grund ihrer Rückkehr nahezubringen. Nichts Geringeres als ein Wunder sei geschehen. »Eines Tages kam auf dem Kolchosefeld ein partogenetischer Strahl vom Himmel und traf auf den Spiegel von Tamara, ging durch Sergejs Wodka hindurch, und die erste Kuh unseres 26. Fünfjahresplans kam auf die Welt.« Diesem heiligen Kalb eilen sie nun entgegen.

In Dresden muß die Band erkennen, daß der Wunsch nach Tequila bei Moses auf taube Ohren stößt. Denn: »Jesus erhört, Moses investiert.« In Tschechien stößt der Prophet Elias zu der Gruppe. Man könnte ihn mit dem Agenten Johnson verwechseln, wäre da nicht dieser lange, weiße Bart … Den Bibelspruchtest von Moses besteht er mit Bravour. So darf Elias mitkommen und ab und zu einspringen, wenn ein Musiker wieder einmal zu tief ins Glas geguckt hat. Dann rockt der Prophet im Namen des Gottes und des Geldes und spielt Luftgitarre wie kein Zweiter.

DER FALSCHE PROPHET ELIAS (ANDRÉ WILMS) ROCKT IHM HOTEL GRAND DEN *KILI WATCH*.

In Warschau ereilt die Band ein harter Schicksalsschlag: Ein Cowboy fällt ins Delirium. Elias sieht in den Auflösungserscheinungen seine Chance, zückt seinen Revolver und will die Nase. Diesmal ist es Moses höchstselbst, der ihn zur Strecke bringt. Den Kranken geben sie in einem Weidenkorb vor einem Krankenhaus ab und gehen für die Behandlung arbeiten. Der auf Dollarnoten gebettete Elias hat dagegen nicht im Sinn, für die Krankenhausrechnung aufzukommen, statt dessen will er den Kranken mit Hilfe der grünen Scheine auf seine schlechte Seite zu ziehen. Vergebens, auch ein schwacher Cowboy bleibt ein treuer Cowboy.

An der letzten Grenze fehlen den Jungs Papiere und eine überzeugende Idee. Moses erinnert an die heilige Schrift, in der geschrieben steht, Moses solle das Gelobte Land nicht betreten. Er werde nun die Band verlassen und in die Europäische Gemeinschaft zurückkehren. Doch zunächst sammelt er das zahllose Leergut ein und lenkt die Grenzbeamten mit klimpernden Flaschen ab. Da haben die eilfertigen Grenzer so viele Behältnisse und Etiketten zu sichten und zu ordnen, daß es ein Leichtes ist, ungesehen einen roten Reisebus ins Gelobte Land zu schieben.

In einem Stall nahe der Heimat finden die Cowboys ihre Verwandtschaft wieder und das heilige Kalb, das sie mit Geschenken begrüßen. Und dann wird gefeiert. Nur Johnson sitzt mit einer Flasche Wodka einsam draußen neben dem freiheitlichen Riechorgan auf der Wiese und singt traurig: *Oh my Darling Clementine.*

DER FILM

Die Kritiker ließen an der Fortsetzung des Publikumserfolgs *Leningrad Cowboys go America* nicht ein gutes Haar. Die Gags seien abgestanden und die Story lasch wie das Cowboy-Bier in den rot-schwarzen Dosen, das der Verleih eigens brauen ließ. Der Film sei von absoluter Unlust geprägt, ein Werk ausschließlich für eingefleischte Masochisten, denen bei den Klängen der herzlich unbegabten Cowboys das Herz immer noch weit wird. Manch Kritiker vermutete sogar, daß der scharfe Wind, der dem erfolgsgewohnten Aki Kaurismäki nach der Premiere von *Leningrad Cowboys Meet Moses* im Frühjahr 1994 ins Gesicht blies, nicht ganz unwesentlich beitrug, daß er danach öffentlich schwor, keinen einzigen Film mehr zu drehen. Diesen Schwur hat er – dem Himmel sei Dank – nicht gehalten.

Die Geschichte des absurden Road-Movies basiert auf nichts Geringerem als dem Zweiten Buch Mose. Und vielleicht liegt genau darin das Problem. Für Aki ist die Story sehr simpel, sie lag sozusagen auf der Hand. Das sehen nicht ganz bibelfeste Zuschauer möglicherweise anders. Sie wird eher verwirren, daß es Moses auf die Nase der Freiheitsstatue abgesehen hat. Eingeweihteren dagegen kommt die Erleuchtung. Denen fällt bald Jehovas Gebot in 2. Moses 34,13 ein: »Ihre Altäre sollst du umstürzen und ihre Götzen zerbrechen«. So und so ähnlich verknüpft der schriftgelehrte Regisseur Motive aus dem Alten Testament mit der Ästhetik des Road-Movies. Wer würde sich schließlich besser als halsstarriges Volk eignen, das aus der Fremde ins Gelobte Land zurückgeführt werden muß, als die ungerührteste Band aller Zeiten: Die *Leningrad Cowboys*?

Die Musiker selber seien es gewesen, die den Regisseur zu diesem Film mit sanfter Gewalt überredet hätten. »Ich wollte nie einen zweiten Teil der *Leningrad Cowboys* drehen, aber die Band hat mich praktisch zu der Fortsetzung gezwungen – die wollten unbedingt nach Mexiko«, erzählt Aki Kaurismäki. »Ich habe mich dann gerächt, indem ich die mexikanischen Szenen einfach in Finnland drehte.« *Leningrad Cowboys meet Moses* ist der einzige Film, in dem Aki seinen Schauspielern erlaubte, wild zu gestikulieren und zu schreien.

Der ohnehin für schnelles Drehen bekannte Finne stellte mit diesem Film eine Art persönlichen Geschwindigkeitsrekord auf: Nachdem der Schnellschreiber Kaurismäki an einem einzigen Wochenende das Drehbuch geschrieben haben will, drehte das 45köpfige Team in nur sechs Wochen, von August bis September 1993, in drei Kontinenten. Vornehmlich »melancholische« Orte, sagt der Regisseur, standen auf der Reiseroute: New York, Dresden, Leipzig, Warschau, Tschechien, Finnland, Kasachstan.

Der Film war ein Flop, was einen echten Fan nicht davon abhalten wird, den *Leningrad Cowboys* weiter zuzujubeln. Dem Verleih dagegen war sicherlich weniger zum Jubeln zumute. Der nämlich orderte 250.000 Dosen Cowboy-Bier und blieb nach Meldungen der Presse darauf sitzen.

GRAND HOTEL DECÍN, TSCHECHIEN.

MOSES ÜBERQUERT DEN ATLANTIK AUF EINER DC 3 MIT DER NASE DER FREIHEITSSTATUE, DER GRÖSSTEN IKONE DES NATIONALEN SELBSTGEFÜHLS, IM ARM.

**MOSES VERLÄSST SICH AUF GRÖBERES WERKZEUG, UM WASSER AUS DEM FELSEN ZU GEWINNEN,
DA ALS FOLGE MENSCHLICHEN WIRKENS DIE GRUNDWASSERVORKOMMEN ÜBERALL VERSIEGT SIND.**

MOSES (MATTI PELLONPÄÄ) UND LENIN (PEMO OJALA) STREITEN ÜBER DIE BEZIEHUNG
ZWISCHEN GLAUBEN UND MATERIE AUF DEM LEIPZIGER HAUPTBAHNHOF, DER SO GROSS IST,
DASS DIE NEW YORKER CENTRAL STATION SICH DORT PRÄCHTIG ALS IMBISSBUDE AUSNEHMEN WÜRDE.
SILU SEPPÄLÄS (MITTE) MEINUNG NACH IST LENIN EIN GRINGO.

MATO VALTONEN, KARI VÄÄNÄNEN UND DER REGISSEUR IM STADTTEIL MUNKKISAARI IN HELSINKI.

WOLKEN ZIEHEN VORÜBER

Wolken ziehen vorüber
Kauas pilvet karkaavat
1996 • Spielfilm
96 Minuten • Farbe • 35 mm
Produktion: Sputnik Oy / Aki Kaurismäki
Darsteller: Kati Outinen (Ilona) • Kari Väänänen (Lauri) • Elina Salo (Frau Sjöholm) • Sakari Kuosmanen (Melartin) • Markku Peltola (Lajunen) • Matti Onnismaa (Försström) • Matti Pellonpää (Kind auf dem Foto) • Pietari (Pietari) • Shelley Fischer (Pianist) • Markus Allan & Pauli Granfelt & Kari Lindqvist & Pentti Mutikainen & Tommi Parkkonen & Taisto Wesslin (Tanzkapelle) • Tuire Liiti & Kaarina Väyrynen (Kellnerinnen) • Elli Lindstedt & Vilhelm Lindstedt (betagtes Paar) • Tuire Tuomisto (Küchenmädchen) • Mustafa Altin (Amir) • Pentti Auer & Iisak Lusua & Simo Santalahti (Neuer Besitzer des *Dubrovnik*) • Solmu Mäkelä (Chef der Equipe) • Outi Mäenpää (Lauris Schwester) • Esko Nikkari (Restaurantbesitzer) • Tarja Laiho (Arbeitsvermittler) • Sulevi Peltola (Mann bei *Nelia*) • Vesa Mäkelä & Tero Jartti (Steuerfahnder) • Kaija Pakarinen (Frau im Morgenrock) • Vesa Häkli & Antti Reini (häßliche Männer) • Yrjö Järvinen (Mann im *Olympia*) • Ona Kamu (Putzfrau) • Eero Försti & Kari Nenonen (Abreisser) • Klaus Heydemann (Makler) • Mato Valtonen (Autoverkäufer) • Aarre Karén (Banker) • Rose-Marie Precht (Frisöse) • Clas-Ove Bruun & Silu Seppälä (Handwerker) • Jorma Pulla (Vergolder) • Atte Blom & Peter von Bagh (Erste Gäste)

Buch: Aki Kaurismäki
Kamera: Timo Salminen
Ton: Jouko Lumme
Schnitt: Aki Kaurismäki
Ausstattung: Markku Pätilä • Jukka Salmi
Kostüme: Tuula Hilkamo
Produktionsassistenz: Haije Alanoja
Scriptgirl: Marja-Leena Helin
Regieassistenz: Erja Dammert
Mischung: Tom Forsström / SES Sound
Herstellungsleitung: Erkki Astala

RAINTOLA *TYÖ* (RESTAURANT *ARBEIT*), AM MORGEN DES LETZTEN DREHTAGS. OLAVI TUOMI, BELEUCHTER UND KAMERAMANN, ÜBERREICHT DEM REGISSEUR EIN LENIN-PORTRAIT.

DIE GESCHICHTE

Im *Dubrovnik*: Ein schwarzer Pianist im dunklen Abendanzug mit Fliege singt, als sitze er im *Casablanca,* melancholische amerikanische Schlager aus besseren Zeiten. Ältere Paare genießen den Abend bei einem Essen, das ihrem Geldbeutel und Lebensalter entsprechend ein wenig bescheidener ausfällt, als vielleicht gewünscht. Im Hintergrund kümmert sich die Oberkellnerin Ilona um das Wohl der Gäste und der Belegschaft. Sie bringt auch schon mal den Koch zur Räson, der – eine Flasche Wodka am Hals – gerne mit riesigen Fleischermessern herumfuchtelt. Man kennt sich lange und die kleinen Schwächen gut.

Nach der Arbeit wird Ilona von ihrem Mann Lauri mit der Straßenbahn abgeholt. Daheim in den eigenen, verwaschenen blaugrünen Wänden hält Lauri Ilona die Augen zu und führt sie ins Wohnzimmer. Sie öffnet die Augen und sieht ein neues Farbfernsehgerät. Lauri: Freust du dich? Auf Raten gekauft wie die Regale und die Möbel. Die erste Rate sei erst im Frühjahr fällig, und in vier Jahren schon könnten sie sich die Bücher dazu kaufen. Lauri zeigt auf die Fernbedienung. Und jetzt ist alles so einfach, man muß nicht mehr aufstehen. Ja. Und Farbe, seufzt Ilona.

Die übrigen Kollegen sind schon da, als Lauri morgens zur Arbeit kommt. Betretene Gesichter: Strecken werden eingestellt, vier von acht Straßenbahnfahrern entlassen. Über Arbeit oder keine entscheiden die Karten. Wer die niedrigste zieht, hat seinen Arbeitsplatz verloren. Lauri zieht Kreuz drei. Lauri ist empört. Nun geht er schon mal ins Kino, und dann kann er sich noch nicht einmal amüsieren. Ilona kann ihren Mann nur mühsam beruhigen, der sein Geld zurückverlangt von einer Verkäuferin, die nicht nur seine Schwester ist, sondern sie überdies auch umsonst reinließ. Lauri und Ilona gehen noch auf ein Glas. Der erste gemeinsame freie Abend seit langem. Lauri widerspricht. Er sei entlassen, vor zwei Wochen schon. Warum er es ihr nicht gleich gesagt habe. Schlechte Neuigkeiten können warten.

Eines Abends kommt Lauri nach Hause. Er fällt in die Tür und sturzbetrunken in den Flur. Ilona hat Mühe, ihn ins Bett zu hieven. Der Arbeitsmarkt ist unbarmherzig.

Lauri verbringt seine Tage mit Kreuzworträtseln und dem Hund Pietari auf der Parkbank und am knallblauen Küchentisch. Ilona indes verbringt schöne Arbeitstage im *Dubrovnik*. Sie wechselt gerade die Tischwäsche, als drei mit Schlipsen, Handys und Aktenkoffern bewaffnete Männer hereinstürmen und darauf beharren, einen Termin mit der Chefin zu haben. Es sind die neuen Besitzer. Frau Sjöholm hat die Kredite nicht mehr zahlen können und an eine Restaurant-Kette verkaufen müssen. Oberkellnerinnen, Türsteher, trinkende Köche und Serviermädchen haben in der neuen Kette keinen Platz mehr.

Der letzte Abend im *Dubrovnik*. Noch einmal spielt die Kapelle auf zum Tanz, noch einmal kommen all die treuen, alten Gäste. Sie verabschieden sich mit Blumen und Tränen in den Augen. In der Küche stößt man schweigend an. Alle trinken Sekt, nur der Koch Orangensaft.

Ilona ist jetzt Hausfrau. Sie saugt das Wohnzimmer und hört fern dabei: der Nachrichtensprecher meldet die Hinrichtung von Ken Saro Wiwa und acht weiteren nigerianischen Oppositionellen aus dem Stamm der Ogoni. Lauri bringt gute Nachrichten, zwei Koteletts, eine Zigarre und einen Blumenstrauß mit. Ab morgen sei er Busfahrer. Touristenfahrten nach Sankt Petersburg. Nur noch eine Gesundheitsuntersuchung. Reine Routine. Ob es denn für einen schwer arbeitenden Mann Mittagessen geben würde oder ob er ins Restaurant gehen müsse. Ilona lächelt.

Am nächsten Morgen richtet Ilona ihrem schwer arbeitenden Mann ein Vesperbrot und begleitet ihn zur Tür. Sie selber stellt sich an das unbezahlte Regal und betrachtet traurig ein Kinderfoto in einem ovalen Holzrahmen. Fast kommen ihr die Tränen, da kommt Lauri viel zu früh zurück. Die Gesundheitsuntersuchung. Er sei auf einem Ohr taub. Der Führerschein sei weg. Spielzeugautos gerade mal, die könne er noch fahren. Lauri fällt um wie ein Baum. Ilona legt sich zu ihm in den Flur zwischen Schuhe und Stiefel.

Unbezahlte Rechnungen verbrennt Lauri trotzig in der Nirostaspüle. Und Arbeitslosengeld wolle er auch nicht beantragen. Die Miete? Er könne schließlich sein Auto verkaufen. Ein Buick immerhin. Und außerdem, er habe Beziehungen. Und schließlich sei er noch nicht alt. Keine fünfzig.

Ilona spricht vor. Sie geht von Restaurant zu

Restaurant. Von Kneipe zu Kneipe. Vergebens. Auf ihrer Odyssee stolpert sie über Melartin, den Türsteher aus dem *Dubrovnik*. Er schwankt, und seine Zeche kann er auch nicht zahlen. Ob nicht die Chefin vielleicht … Sie bestellen eine ganze Flasche, weil's billiger ist, und Melartin beklagt den Verfall der guten Sitten. Da brauche es keine Türsteher mehr, wenn da jeder reinkomme, auch die Jungen mit den zerrissenen Jeans. Zuhause kotzt Ilona ins Waschbecken. Lauri bringt sie ins Bett.

In ihrer Not meldet sich Ilona auf die Anzeige einer dubiosen privaten Arbeitsvermittlung. 500 Finnmark will der vierschrötige Herr in einem schlechtsitzenden, hellblauen Anzug für eine hingeschmierte Adresse auf einem abgerissenen Zettel. Ilona plündert ihr Sparbuch und erkauft sich damit eine Anstellung als Mädchen für alles. Ihr neuer Chef Försström ist halbseiden und die Kneipe ein billiges, dreckiges Mistloch. Ilona verhilft mit ein paar einfachen Handgriffen sich selbst zu einem Rest Würde und dem Etablissement zu einem Glanz, den es vorher nicht hatte und nach ihr nie wieder haben wird. Bald muß sie einsehen, daß Försström nur das Geld schätzt, das in seine Kasse fließt.

Eines Tages kommen zwei Herren von der Steuerfahndung. Langsam geht Ilona in die Küche und fischt aus einer Schublade ihre Steuerkarte. Försström hat sie nie weitergeleitet.

Eine blonde Frau mit Lockenwicklern im Haar, blaßrosa Morgenrock und gleichfarbigen Puschen öffnet Lauri die Wohnungstür. Lauri findet Försström in einem verqualmten Wohnzimmer mit zwei Kumpeln beim Kartenspiel. Statt des ausstehenden Lohnes seiner Frau erntet Lauri mit seinem Auftritt nur höhnisches Gelächter und eine ordentliche Tracht Prügel.

Blutüberströmt findet sich Lauri in einer verlassenen Hafengegend wieder. Seiner Frau, die schweigend am türkisen Wandtelefon hängt, meldet er, daß er in der nächsten Woche nicht nach Hause kommen könne. Keine weiteren Erklärungen.

Lauri findet Unterschlupf in einem billigen Hotel. Zum Abschied verspricht er dem Besitzer, für die Übernachtungen mit dem Erlös aus seiner Lebensversicherung aufzukommen. Daheim stapeln sich im Flur die Rechnungen. Nur Ilona ist nicht da. Von seiner Schwester Leena erfährt Lauri, daß Ilona bei ihr untergekrochen ist. Daß er einfach verschwunden sei, das werde sie ihm nie, nein, niemals verzeihen. Aber die Koffer gepackt habe sie doch schon mal, sagt Ilona und geht mit ihrem Mann nach Hause. Die Wohnung besucht auch bald der Gerichtsvollzieher. Den Fernseher mit der vielen Farbe und die rote Sofagarnitur tragen Möbelpacker davon.

Ilona bringt Lauris durchgelaufenen Schuhe zur Schnellreparatur. Dort trifft sie auf Melartin. Die beiden gehen auf ein Bier.

Melartin: »Es dauert nicht lange, und mein Kollege merkt, daß ich von der Schuhreparatur nicht mehr verstehe als die Nummer der Schuhe. Wir sollten wieder ins Gaststättengewerbe. Ich werde wieder als Türsteher arbeiten. In einem Restaurant, bei dir. Du solltest ein eigenes Restaurant aufmachen. Ich hab da auch schon eins im Auge.« – »Aber es gibt schon so viele.« – »Aber keine guten.« – »Aber das Geld.« – »Dafür gibt es Banken, dafür sind die da. Schlag ein.« – Ilona schlägt ein.

Im leeren Wohnzimmer liegt Ilona auf dem Holzboden und rechnet. 143.000 Finnmark bräuchten sie. Und wenn sie die Einrichtung gebraucht kaufen, vielleicht weniger. Lauri verkauft sein Auto. Man einigt sich auf 8000 Finnmark inklusive Radio. Die Bank verlangt Sicherheiten, Bürgen. Ilona bietet Melartin auf: Feste Anstellung in einer Schuhschnellreparatur. Die Bank bietet nicht mit. Lauri setzt auf Glück. Die Spielbank gewinnt 8000 Finnmark.

Es ist hoffnungslos. Da stellt sich Ilona in einem Frisiersalon vor und trifft auf Frau Sjöholm, ihre alte Chefin. Sie gehen in eine schicke Hotelbar und trinken eismeerblaue Cocktails. Frau Sjöholm ist aufgeräumt. Nachdem sie gedacht habe, das Leben sei mit dem Tod des *Dubrovnik* vorbei, und sich zurückgezogen habe, sei es ihr doch zu langweilig geworden. Sie sei wieder Tanzen gegangen und – wie sie Ilona augenzwinkernd verrät – fast wieder in eine Ehe geschlittert. Und nun wolle sie wieder aktiv werden und investieren in ein Restaurant, das Ilona eröffnen solle. Und wenn es schiefgeht? Es wird nicht schief gehen.

Lauri und Melartin gabeln den alten Koch Lajunen am Straßenrand in einer Gruppe von Pennern auf. Ilona bespricht mit Lajunen die Speisekarte. Er schlägt Kalbsbrie vor und Fisch in Weißweinsoße. Ilona denkt praktisch und an die drei Baustellen in der Umgebung und möchte noch ein billiges Gericht für den Mittagstisch. Hausmannskost. In dem neuen Restaurant wird in banger Erwartung gewerkelt. Zwei Handwerker, die Pat und Patachon Modell gestanden haben, malen die Wände blau an und nageln Ziernägel in eine alte, grüngrau gepolsterte Theke. Frau Sjöholm spendiert weiße lange Gardinen aus dem alten *Dubrovnik*. Das neue Restaurant soll *Työ* heißen: *Arbeit*.

Der Tag der Eröffnung: 11 Uhr. Unerbittlich rückt der Uhrzeiger an der großen Wanduhr vor. Leere Tische. Alle warten. Auf der Straße studiert ein Paar die Speisekarte, die im Fenster hängt. Zu teuer, sagt die Frau und zieht ihren Mann davon. Schließlich der erste Gast: Zwei Bier und einmal Fisch. Das Lokal füllt sich. Dann klingelt das Telefon: 30 Ringer bestellen einen Tisch für den Abend. Es ist zu schön, um wahr zu sein.

DER FILM

»Arbeitslosigkeit zeitigt glückliche Resultate«: lakonisch wie gewohnt kommentiert Aki Kaurismäki seinen traurig-schönen Film *Wolken ziehen vorüber*. Einmal mehr begleitet Kaurismäki seine geliebten Underdogs durch deren tristen Alltag und schwierige Romanzen.

In Finnland beträgt die Arbeitslosigkeit 20 Prozent. Aki empfand es als Schande, daß die einheimischen Filmemacher diese Katastrophe schlicht zu ignorieren schienen. Dabei weiß auch er, daß sich die Rezession filmisch nur schwer umsetzen läßt. Der Feind ist unsichtbar, und es wäre albern gewesen, dem Arbeitgeber die Rolle des Bösewichts zu verpassen. Schließlich kam ihm die Idee zu *Wolken ziehen vorüber* in einer Hotelbar in Kyoto, als er einem Oberkellner bei der Arbeit zusah. Sein Freund Matti Pellonpää sei aufgetaucht, und Aki habe zu ihm gesagt: Sieh dir diesen Typen an. Das ist deine nächste Rolle. Dann starb Matti Pellonpää. In der Nacht vom 13. auf den 14. Juli 1995 erlag er mit 44 Jahren überraschend einem Herzversagen. Das Drehbuch mußte umgeschrieben werden. Aus dem Oberkellner Nikander wurde die Oberkellnerin Ilona.

Kati Outinen verkörpert als Ilona einmal mehr diese fast unheimlich wirkende Mischung aus Introvertiertheit und Zähigkeit. Die Ökonomie ihrer Bewegung wirkt nahezu autistisch. Tapfer stapft sie mit gradem Rücken und schäbigem Schuhwerk durch die Handlung. In ihrem leuchtend roten Mantel ist sie der trotzige Kontrapunkt zu der sich verdüsternden Stimmung.

Die arbeitslose Kellnerin Ilona und ihr Mann Lauri, dargestellt von dem vielseitigen Kari Vänäänen, geraten plötzlich in eine Spirale der Hoffnungslosigkeit, aus der es keinen Ausweg zu geben scheint. Daß am Schluß dann doch ein märchenhaftes Happy End steht, ist einem Regisseur zu verdanken, der Filme drehen will, aus denen die Menschen glücklicher hinausgehen, als sie hineingegangen sind. Der meint dann auch: »Es hätte nur Verlegenheit hervorgerufen, wenn – am Schluß des Films – der arbeitslose Mann sich selbst in den Kopf geschossen oder die Frau sich zwischen die Schiffsschrauben der Fähre nach Schweden geworfen hätte.«

Tief unter der Oberfläche seines Films gelingt es dem Finnen, einen fast subversiven Humor durchzuhalten und auf einer verhaltenen Zärtlichkeit zu beharren, mit der sich die Figuren begegnen. Als beispielsweise der cholerische Koch des *Dubrovnik* wieder einmal wild mit dem Messer fuchtelnd seine Wodkaflasche verteidigt und seine Kollegen bedroht, verschwindet er, gefolgt von dem Türsteher, rechts aus dem Bild. Man hört Kampfgeräusche aus dem Off, und schließlich kommt der Türsteher mit blutender Hand wieder ins Bild zurück. Am nächsten Abend wird abgerechnet. Der Koch gibt dem verletzten Kollegen das Geld fürs Taxi und den Arzt. Sie klopfen sich auf die Schulter und gehen an die Arbeit.

Nicht jeder wird diesen wunderbar widerspenstigen Humor teilen können. Das weiß auch Aki und nimmt sich selbst auf die Schippe. Empört läßt er seinen Helden Lauri aus dem Kino rennen. Der will sein Geld zurück, da er sich hat nun überhaupt nicht amüsieren können. Im nämlichen Kino laufen die Lieblingsfilme des Regisseurs: *L'argent* (*Das Geld*, 1983) von Robert Bresson, *Night on Earth* (1991) von Jim Jarmusch, *L'Atalante* (1934) des früh verstorbenen Jean Vigo.

Wolken ziehen vorüber lebt von einem Minimum an Dialogen und einem Maximum an raffinierter Farbdramaturgie – die erneut den paradoxen Eindruck bekräftigt, Aki Kaurismäki drehe eigentlich nur Schwarzweißfilme. Bei dem Versuch, »Neo-Realismus in Farbe mit komischen Elementen« zu machen, strich der Finne höchstselbst alle Büros und Appartements in seinen Lieblingfarben: dem Gelb, Rot, Blaugrün, Grünblau der sechziger Jahre. Schließlich richtete er auch das Restaurant selber ein, nicht zuletzt für seinen Freund, den Filmkritiker Peter von Bagh, der in der Geschichte als erster Gast ein erfrischendes Bier bestellt.

Mit seiner leichten – keineswegs steilen, dämonisierenden – Untersicht der Bilder erinnert Kameramann Timo Salminen an den großen japanischen Filmemacher Yasujiro Ozu (1903-1963). In Ozus Filmen sieht die Kamera respektvoll zu den Menschen auf, mögen sie noch so erbärmlich, traurig und hilflos sein. Auch Salminen verbeugt sich respektvoll vor den Figuren und ihrem solidarischen Umgang miteinander.

Wolken ziehen vorüber ist ein Film über Solidarität im allgemeinen und über Solidarität in der Ehe im besonderen. »Wenn man heiratet, macht man Versprechungen für gute und schlechte Zeiten. Und wenn jemand seinen Job verliert, schadet das oft der Ehe, und einer der Partner beginnt zu trinken. In Helsinki sind drei Jahre nach der Heirat die Hälfte aller Paare wieder geschieden. Vielleicht sollten sich die Leute das vorher genauer überlegen, weil es sinnlos ist, sofort nach einem *besseren* Partner zu suchen, sobald die ersten Probleme auftauchen«, sagt Aki, der offensichtlich glücklich mit der Malerin Paula Oinonen verheiratet ist.

Man wünschte, Kaurismäki hätte unrecht, wenn er sich für sentimental hält, einen Film über »so etwas Altmodisches wie Solidarität« zu drehen. Man wünschte, auch im wirklichen Leben ginge die Solidarität so weit, daß am Ende diejenigen wieder zusammen arbeiten, die einst gemeinsam gefeuert wurden. Die schweizerische Filmkritikerin Pia Horlacher sieht in dieser märchenhaften Wendung »des Finnen störrisches Beharren auf der Möglichkeit, daß das scheinbar Gestrige die eigentliche Avantgarde von Morgen sei: er setzt dem Stillstand, den Stillgelegten eine bewegendes Denkmal, und den Abgesang auf das Alte wandelt er zum schüchternen Revolutionslied gegen das Neue. Die Stimmen, die es singen, sind dünn, aber deutlich; wer ein einziges *Dubrovnik* rettet, der rettet auch ein bißchen die Welt.«

Nicht zuletzt ist *Wolken ziehen vorüber* ein Film für den toten Schauspielerfreund Matti Pellonpää. Ihn selbst sieht man als Konterfei auf dem Kinderfoto, das Ilona so traurig anschaut. In der letzten Szene des Films stehen Ilona und Lauri mit ihrem Hund Pietari, der die Zurückhaltung seiner Besitzer perfekt adaptiert hat, erschöpft und glücklich vor der Tür ihres Restaurants *Arbeit* und schauen nach oben in den nächtlichen Himmel. Aus dem Off beschwört eine Männer-Combo einen halbvergessenen finnischen Schlager: Wolken ziehen vorüber, alles geht vorbei ... Da ahnt man: auch der Schmerz um die toten Freunde wird vergehen, denn sie sind da und beobachten mitfühlend von oben das Treiben der Lebenden. Die Toten, denen Ilona auf dem Friedhof Blumen aufs Grab legt, bleiben in dem Film namenlos. Doch einen Moment lang heißen sie alle Matti Pellonpää. Hoffentlich behält Aki recht und Freund Matti vergnügt sich unterdessen an der Bar im Himmel mit Charlie Chaplin und himmlischen Cocktails.

Wolken ziehen vorüber wurde vom Verband der belgischen Filmkritiker ausgezeichnet als bester europäischer Film des Jahres 1996.

**DAS KINOPROGRAMM BRINGT LAURIS BLUT IN WALLUNG.
HINTER DEM TRESEN OUTI MÄENPÄÄ.**

MELARTIN (SAKI KUOSMANEN) HAT SICH BEIM KAMPF MIT DEM TOBSÜCHTIGEN KOCH
IN DER KÜCHE DES RESTAURANTS *DUBROVNIK* DIE HAND VERLETZT.

**LAURIS ARBEITSSUCHE WAR OFFENSICHTLICH
NICHT VON ERFOLG GEKRÖNT.**

MATTI PELLONPÄÄ (DAS KIND AUF DEM FOTO) UND KATI OUTINEN.
MAN IST NUR EINMAL JUNG. DIE REISE NACH ESTLAND IST ZU ENDE.

»ZUM GLÜCK BIST DU NOCH JUNG!« – »NOCH KEINE FÜNFZIG, MEIN SCHATZ.«
ILONA (KATI OUTINEN) LAURI (KARI VÄÄNÄNEN) UND DER ÜBERRASCHTE PIETARI.

MELARTIN ÜBERREDET ILONA EIN RESTAURANT ZU ERÖFFNEN, DAMIT SIE BEIDE ARBEIT HABEN.

ILONA UND FRAU SJÖHOLM (ELINA SALO) BRINGEN BEI EINEM *HONOLULU-WINTER* DIE FRAUENEMANZIPATION VORAN.

UMBAUARBEITEN IM RESTAURANT *ARBEIT*.
DIE HANDWERKER SIND CLAS-OVE BRUUN (LINKS) UND SILU SEPPÄLÄ.

»UND WENN NIEMAND KOMMT?« AM ERÖFFNUNGSTAG LÄSST ILONAS SELBSTVERTRAUEN SIE EINEN MOMENT IM STICH. IM HINTERGRUND DER AUS SEINEM DELIRIUM ERWACHTE KOCH (MARKKU PELTOLA).

DER TÜRSTEHER (SAKARI KUOSMANEN) BILDET DEN KERN DER WERBEKAMPAGNE.

ALLES IST FERTIG, ABER KEIN GAST ZU SEHEN. VERZWEIFLUNG BEHERRSCHT DIE SZENE.

DIE ERSTEN GÄSTE (ATTE BLOM UND PETER VON BAGH).

PIETARI, KARI VÄÄNÄNEN UND KATI OUTINEN IN DER ÜBEROPTIMISTISCHEN LETZTEN SZENE DES FILMS.

FILM, FERNSEHEN, THEATER

BEI SCHWARZKOPF & SCHWARZKOPF

HORST SCHIMANSKI
»Tatort« mit Götz George –
Das große Buch für Fans
Von Frank Goyke. In Zusammenarbeit
mit dem Westdeutschen Rundfunk.
Mit ca. 250 Abbildungen. 250 Seiten,
gebunden mit Schutzumschlag.
ISBN 3-89602-131-1. 49,80 DM

HORST SCHIMANSKI

»TATORT« MIT GÖTZ GEORGE
DAS GROSSE BUCH FÜR FANS

Schwarzkopf & Schwarzkopf

EKEL ALFRED

»EIN HERZ UND EINE SEELE«
Das große Buch für Fans

Schwarzkopf & Schwarzkopf

**Ekel Alfred: »Ein Herz und eine Seele«
Das große Buch für Fans. Von F.-B. Habel.
256 Seiten, 200 Abbildungen, Großformat,
geb. m. SU, ISBN 3-89602-062-5; 49,80 DM**

Frank-Burkhard Habel

GOJKO MITIC,
MUSTANGS, MARTERPFÄHLE

DIE DEFA-INDIANERFILME
Das große Buch für Fans

Schwarzkopf & Schwarzkopf

**Gojko Mitic, Mustangs, Marterpfähle
Die DEFA-Indianerfilme – Das große Buch für Fans
280 S., geb. m. SU, ca. 250 z.T. farbige Abbildungen.
ISBN 3-89602-120-6, 49,80 DM**

DIE OLSENBANDE
DAS GROSSE BUCH FÜR FANS

VON FRANK EBERLEIN UND F.-B. HABEL
VERLAG SCHWARZKOPF & SCHWARZKOPF

**Die Olsenbande –
Das große Buch für Fans.
Von F.-B. Habel/ Frank Eberlein,
260 Seiten, über 300 Abb., 49,80 DM**

Das war unser Kintopp!

*Die ersten fünfzig Jahre:
Von den »Lebenden Bildern« zum UFA-Tonfilm*

Ein Streifzug in Wort und Bild von F.-B. Habel.
Mit etwa 800 Abbildungen und einem
Exklusiv-Interview mit Billy Wilder

**Das war unser Kintopp. Von den
›Lebenden Bildern‹ zum UFA-Tonfilm
Etwa 800 Abb., 200 Seiten, Großf., Geb. m. SU.,
ISBN 3-89602-031-5, Sonderausgabe 29,80 DM**

Heiner Müller

1929 – 1995:
BILDER EINES LEBENS

Schwarzkopf & Schwarzkopf

**Heiner Müller 1929 – 1995:
Bilder eines Lebens
500 S., ca. 700 Abb., Großf. 24 x 30 cm, geb. m. SU
ISBN 3-89602-061-7, 98 DM**

Wolf Biermann:
AUSGEBÜRGERT

Fotografien von Roger Melis

Schwarzkopf & Schwarzkopf

**Wolf Biermann: AUSGEBÜRGERT
Fotografien von Roger Melis
200 Seiten, 200 Abb., ISBN 3-89602-060-9, 78,00 DM
Großf. 24 x 30 cm, gebunden mit Schutzumschlag,**

DANKSAGUNG:
Verlag und Herausgeberin danken allen Freunden und Unterstützern, ohne die dieses Buch nicht möglich gewesen wäre. Wir danken Haije Alanoja, Sputnik Oy, Helsinki; Eila Mellin und Aila Järvenpää, Otava Verlag, Helsinki; Christa Saredi, Christa Saredi World Sales, Zürich; Jürgen Warmbrunn, Frankfurt/Oder. Ganz besonders danken wir der Fotografin Marja-Leena Hukkanen, die Aki Kaurismäki seit vielen Jahren mit ihrer Kamera begleitet.
Dem Verlag Otava, Helsinki, sei gedankt für die Erlaubnis, die finnische Ausgabe von »Shadows in Paradise« zu übernehmen und zu adaptieren.
Der allergrößte Dank jedoch gilt Aki Kaurismäki. Ohne seine Filme wäre dieses Buch unnötig, ohne seine Bildunterschriften wäre es nur halb so schön.

IMPRESSUM:
© der Originalausgabe »Shadows in Paradise«:
Otava Verlag, Helsinki, 1996.
© der Fotos Sputnik Oy, Helsinki
© dieser Ausgabe sowie der Texte
Schwarzkopf & Schwarzkopf Verlag, Berlin, 1997
Texte: Beate Rusch. Übersetzung der Bildlegenden aus dem Finnischen: Jürgen Warmbrunn
Abbildungen: Die Filme fotografierte Marja-Leena Hukkanen, Helsinki, außer »Das Leben der Boheme«: Moune Jamet; »Schuld und Sühne«: Kai Honkanen und Taneli Eskola; »Rocky VI«: Direktvergrößerungen aus dem Film.
Zugeeignet sei dieses Buch ganz besonders Birgit Niehaus und Christine Heinrich, die als erste die Idee zu diesem Buch hatten und in ihrer Anregung nicht nachließen. Danke!

Alle Rechte vorbehalten. Ungenehmigter Nachdruck, Wiedergabe, sonstige mechanische oder elektronische Aufnahme oder Vervielfältigung sind nicht gestattet.
ISBN 3-89602-119-2. Schwarzkopf & Schwarzkopf Verlag, Kastanienallee 32, 10435 Berlin. Printed in Germany

Abbildung: Laika (1985 – 1996), neben Lassi, Rin Tin Tin und dem Hund von Umberto D. die größte Hundedarstellerin aller Zeiten. Sie spielte in zahlreichen Filmen von Kaurismäki die heimliche Hauptrolle, u.a. in »Das Leben der Boheme« und »Leningrad Cowboys go America«.